Du même auteur chez Marabout :

- *La Communication efficace par la PNL* (n° 3510)

- *Oser être soi-même* (n° 3603)

René de Lassus

L'ANALYSE TRANSACTIONNELLE

A Nathalie,
Muriel,
Virginie,
Boris et
Félix

Remerciements
A de grands spécialistes de la communication OK-OK avec qui j'ai eu le plaisir de travailler :

Graham Barnes
Masha Bongard
Lucie Bruers
Dominique Chalvin
Michel Chalude
Jacques Contant
Gene Early
Tom Frazier
John Grinder
Victor Guilmain
Michel Hauptmann
Raymond Hostie
Taïbi Kahler
Anné Linden
Roger Moyson
Salomon Nasielski
Pierre Posno

SOMMAIRE

« — Ça va ? »
« — Ça va… »

Beaucoup de gens répondent ainsi, même quand « ça ne va pas » très bien.

Et quand « ça ne va pas », il est souvent question des autres ou de quelqu'un d'autre.

L'homme du XXe siècle réalise des prodiges aussi complexes que la pose d'un engin sur Mars ou l'exploration d'un cerveau par un laser mais il ne réussit pas toujours à **communiquer** aisément avec son partenaire, ses enfants, ses collègues, son entourage… Pourquoi ? peut-être parce que l'astrophysique et la neurobiologie sont **enseignées** dans les universités alors que la capacité à communiquer avec son entourage ne fait pas l'objet d'un enseignement organisé. Et il faut bien reconnaître que la psychologie offre peu d'outils pratiques à qui éprouve une difficulté — même légère — avec son voisin, son partenaire, ses enfants ou son patron.

C'est pourquoi le Dr Eric Berne a créé l'**Analyse Transactionnelle,** un ensemble de grilles d'explication du comportement des autres et de soi-même, qu'il a voulu **très accessibles** et non réservées à des spécialistes.

PARTIE I

FAIRE CONNAISSANCE AVEC L'ANALYSE TRANSACTIONNELLE

AVERTISSEMENT

L'Analyse Transactionnelle est née aux Etats-Unis. Ce qui implique que les différents ouvrages sur le sujet, publiés en français, sont des ouvrages traduits. Comme « Games people play » a été un best-seller aux Etats-Unis, les éditeurs français se sont précipités sur les ouvrages d'Analyse Transactionnelle, et la plupart d'entre eux ont été traduits par des traducteurs — certes, parfois spécialisés en psychologie, mais pas en Analyse Transactionnelle. Il a fallu attendre environ dix ans pour que soient écrits les premiers ouvrages sur le sujet par des francophones. Pendant ce temps, la méthode progressait, des animateurs et des thérapeutes étaient formés, sous le contrôle de l'International Transactional Analysis Association.

Des habitudes de vocabulaire étaient prises, et l'on s'est rendu compte que certaines dénominations françaises étaient peu adéquates — comme la traduction de **game** par jeu — pour une réalité qui n'est pas souvent très plaisante.

Aujourd'hui, ce mal est fait.

Nous avons choisi :

— Dans certains cas, de conserver le terme anglais en lui apposant un astérisque (*) qui propose une traduction « acceptable » — parfois commentée.
Exemple : stroke (*)

> * souvent traduit par « caresse » pour désigner une unité de contact entre deux êtres humains. Ce terme nous choque parce que, dans le cas d'une dispute, les transactionnalistes français parlent de « caresse négative » (note de l'auteur).

— Dans le cas où nous avons choisi une traduction qui nous paraît plus adéquate que le terme utilisé par les transactionnalistes francophones, nous avons tout simplement fait suivre cette traduction entre parenthèses, en italiques.
Exemple : Parent Bienveillant (*Parent Nourricier*)

1

INTRODUCTION

L'ANALYSE TRANSACTIONNELLE, OUTIL PSYCHOLOGIQUE D'ÉVOLUTION PERSONNELLE ET D'ÉVOLUTION DE LA VIE DES GROUPES HUMAINS

Soyons clair.

Eric Berne, « l'inventeur » de l'Analyse Transactionnelle, l'avait voulu.

Quoi ? Que la méthode de compréhension et d'évolution qu'il avait mise au point, à partir de son expérience de médecin et de psychiatre, soit « accessible à tous » tout en étant rigoureusement conforme aux données scientifiques les plus sérieusement observables et vérifiables en matière de psychologie et de relations humaines. Eric Berne n'a – presque rien – découvert.

Mais, il a eu le génie de présenter les diverses « instances » – un mot savant pour dire les diverses parties de notre personnalité – en un « arrangement » original et pertinent dans le but de partager avec les patients qui le consultaient un « savoir » juste, « vulgarisé » – dans le sens le plus noble du mot.

Il a donc, en quelque sorte, **réorganisé** les connaissances psychologiques les plus utiles à la compréhension de chacun et aux relations que nous entretenons avec nos semblables.

On peut donc, à juste titre, parler d'une **méthode** nouvelle.

Comme il était psychiatre, on peut donc parler d'une méthode psychothérapeutique.

Voilà un mot qui n'est pas sans soulever certaines craintes. La psychothérapie, ce n'est pas pour moi, je ne suis pas fou ! Sans doute. Mais il se fait que chacun de nous ressent, en lui-même, qu'il n'est peut-être pas aussi accompli, aussi achevé qu'il le souhaite.

Et aussi — lâchons le mot — pas assez reconnu par les autres. Dans sa sensibilité propre, dans son intelligence, sa créativité et — ici aussi, il s'agit de lâcher le mot — dans son **génie** personnel ! Et ça, ça dépend beaucoup de la partie de nous-mêmes par laquelle nous nous adressons aux autres. D'autant plus qu'à l'intérieur de cette communication, cette relation, ce contact — nous dirons cette **transaction** — nous « invitons » — nous verrons que le choix de ce mot est important ! — l'autre à réagir à partir d'une partie de lui-même ou d'une autre.

Avant de publier « Analyse Transactionnelle et psychothérapie »*, son premier ouvrage scientifique publié en 1961 aux Etats-Unis, Eric Berne avait déjà écrit plusieurs ouvrages de vulgarisation de qualité — on dit aujourd'hui de **sensibilisation** — dont le principal « Psychiatrie et psychanalyse à la portée de tous » (en français, chez Fayard) date de 1957, un titre qui exprime bien la volonté d'un homme comme Berne de démystifier le caractère souvent hermétique des écrits sur la psychologie, et sur la psychanalyse, en particulier. C'est, animé d'un tel désir de vouloir rendre simple ce que certains « psy » aiment — inconsciemment ? — garder comme un savoir « réservé », que Eric Berne a conçu l'Analyse Transactionnelle.

Comme outil pour la pratique de la psychothérapie, tout d'abord. Mais, né aux Etats-Unis, l'Analyse Transactionnelle a rapidement connu un succès considérable comme outil d'évolution personnelle, ainsi que comme outil d'évolution des groupes — notamment dans les organisations de tous types, et plus particulièrement dans les entreprises.

---

* « Analyse Transactionnelle et psychothérapie » a été publié en français chez Payot (voir Bibliographie, en fin de volume).

> C'est dans cette perspective d'**outil d'évolution personnelle** ayant des applications **dans la vie des groupes humains** – et **dans un langage accessible à tous** – que nous avons écrit cet ouvrage.

Eric Berne avait souhaité que l'on affine sans cesse l'outil qu'il avait créé.

Ce que beaucoup ont déjà fait. Tant aux Etats-Unis que dans le reste du monde.

Il formulait aussi le désir que son « enfant » puisse être connu d'un maximum de gens, et les aide à découvrir leurs richesses, leur pouvoir créatif, leur autonomie, leur spontanéité, leur génie, leur bonheur. C'est dans cette seconde perspective que s'inscrit cet ouvrage.

Eric Berne a donné le ton. Dans « Psychiatrie et psychanalyse à la portée de tous », il fait suivre chaque chapitre de « Notes pour les philosophes ». Bien que cet ouvrage se veuille avant tout « accessible à tous », nous nous sommes laissé séduire par l'idée.

A la fin de chaque chapitre, vous trouverez des **précisions pour ceux qui veulent en savoir plus.**

PRÉCISIONS POUR CEUX QUI VEULENT EN SAVOIR PLUS

Eric Berne – de son vrai nom Eric Lennard Bernstein – est né le 10 mai 1910 à Montréal. Médecin (M.D. et C.M.-Master of Surgery) à l'âge de 21 ans, il se spécialise en psychiatrie à partir de 1936; c'est en 1939 qu'il publie son premier article spécialisé dans *Am. J. Psychiatry* sous le titre de « Psychiatry in Syria », un article qui dénonce les carences du traitement psychiatrique en Syrie et au Liban. Son premier livre date de 1947 et s'intitule « Mind in action ». C'est cet ouvrage, revu et complété qui devient en 1957 « Psychiatrie et psychanalyse à la portée de tous » (Fayard). Ce livre contient un chapitre consacré à l'Analyse Transactionnelle. E. Berne continuera, sa vie durant, à publier des articles dans différentes revues médicales. Ses propres ouvrages majeurs (ses disciples en publieront des centaines) seront, successivement :

- « Analyse Transactionnelle et psychothérapie » en 1961 (Payot)
- « Games People Play » (traduit sous le titre « Des Jeux et des hommes ») (Stock)
- « Que dites-vous après avoir dit Bonjour » (Tchou), publié quatre ans après la mort d'Eric Berne, survenue le 15 juillet 1970.

2

METTEZ-VOUS DANS TOUS VOS ETATS

Eric Berne a donc voulu rendre accessibles les connaissances psychologiques pour permettre à chacun de les comprendre et, dès lors, de mieux se comprendre soi-même et de mieux comprendre les échanges — les transactions que nous vivons avec les autres.

Il reste étonnant que, pour une méthode ayant un tel projet, le nom de la méthode soit resté aussi compliqué !

Nous utiliserons les deux lettres initiales **AT** en lieu et place de l'expression complète.

L'AT est donc un outil de compréhension et d'évolution.

Mais, compréhension de quoi ?

De la variété des comportements humains, par exemple. Et de l'influence de ceux-ci sur le comportement de leurs proches.

Autrement dit, ne vous êtes-vous jamais demandé pourquoi le comportement de tel de vos proches produisait assez fréquemment la même réaction chez vous ?

L'AT y répond.

Ou encore : comment se fait-il qu'une seule et même personne puisse à certains moments et dans certaines circonstances vous paraître tout à fait charmante et « diabolique » dans d'autres.

Là aussi, l'AT propose ses réponses.

Et encore : comment se fait-il qu'en certaines circonstances l'on se sente capable de trouver des solutions à un nombre impressionnant de problèmes, tandis qu'à d'autres moments, on semble ne pas posséder une once de créativité personnelle ?

A ces diverses questions — que beaucoup se posent — l'AT propose ses réponses originales.

La première de ces réponses consiste à dire qu'il existe en chacun de nous trois parties, trois Etats différents de ce que la psychologie appelle notre Moi. C'est-à-dire la part la plus accessible de notre psychisme.

On appelle ces trois parties, les **trois Etats du Moi*.**

Nous prenons nos décisions et nous réagissons à partir d'une de ces parties de nous-mêmes, à partir d'un de nos trois Etats du Moi. Et donc, ce qui se passe dans notre vie dépend pour beaucoup de l'Etat du Moi à partir duquel nous agissons.

Comme il voulait rendre sa méthode la plus accessible possible, Eric Berne a écarté les mots savants et a choisi de donner à chacun de ces trois Etats du Moi, des noms simples.

---

* Les 3 Etats du Moi — comme leur nom l'indique — sont donc bel et bien trois subdivisions du Moi. Il ne faut donc pas les confondre avec les instances psychiques mises en évidence par S. Freud : le Ça, le Moi et Sur-Moi.

Mais, avant de poursuivre nos explications sur ce premier outil d'AT, nous vous proposons de faire une petite expérience.

Expérience sans risque, puisque nous ne pouvons — dans le cadre d'un ouvrage — que vous faire une proposition que vous choisissez ou non de mettre en application.

Cette petite expérience a pour but de vous faire découvrir l'existence des Etats du Moi qui existent en vous, par quelque chose de **vécu**. Les seules ressources nécessaires sont votre mémoire et votre imagination.

L'expérience sera d'autant plus productive que vous vous laisserez aller à suivre nos suggestions.

(Une façon de bien la mettre à profit serait peut-être d'interrompre un moment votre lecture, de vous lever, de parcourir quelques mètres — dehors, si le temps le permet — et de la reprendre ensuite. Le mot « Attention » a été imprimé en gras à cette intention.)

Attention ! L'expérience peut commencer

Supposons que quelqu'un ait déposé, à votre insu, un tube de dentifrice... aux couleurs et à la forme inhabituelles près de votre lavabo.

Vous entrez dans la pièce où se trouve votre lavabo.

Vous observez ce tube de dentifrice dont la grande taille vous surprend.

Les couleurs du tube ne ressemblent pas à celles de votre tube de dentifrice habituel.

Celles-ci sont rouge et jaune.

Intrigué, vous dévissez le capuchon et vous pressez le tube pour découvrir une pâte aux mêmes couleurs que l'enveloppe du tube : la pâte est rouge et jaune. Vous pressez davantage sur le tube et, ne sachant que faire de cette pâte, vous approchez le tube du lavabo. Cette pâte semble si généreuse ! Vous l'étalez et vous commencez à faire des dessins dans la pâte, y compris sur le miroir situé au-dessus de votre lavabo. Le tube semble inépuisable. Au point que vous vous mettez maintenant à badigeonner les murs de votre pièce d'eau ! Le résultat vous enchante !

Mais que se passe-t-il?

Vous avez envie de sauter des lignes — peut-être relisez-vous le nom de l'auteur du livre que vous tenez entre les mains? Qui est cet inconnu? Puis-je lui faire confiance?

...

Pourtant, vous y avez « cru » pendant un court moment et vous avez « joué » mentalement, comme quand vous étiez petit(e). Ce petit enfant qui prenait plaisir à jouer dans le sable, la boue ou une autre pâte est toujours vivant en vous. Tant mieux! C'est lui qui aimerait encore aujourd'hui — quel que soit votre âge de grande personne — s'amuser, jouer, toucher, rire, pleurer spontanément, ou exprimer — spontanément — ses peurs, ses craintes, ses sentiments, et parfois, sa colère.

A ce stade, considérons que la petite expérience est terminée. Vous avez peut-être été surpris de nous voir écrire « Tant mieux! » à propos du petit enfant qui serait toujours vivant en nous. Ce petit enfant est plein de ressources importantes pour notre vie et nos réussites.

D'abord, parce que c'est lui qui nous maintient en vie — c'est cette partie de notre être psychologique qui est la source de nos pulsions, de nos désirs, de nos sentiments et aussi de ce que les psychologues appellent nos « affects » — c'est-à-dire, cette réalité psychique qui fait que les choses et les gens nous attirent ou non.

Une autre ressource importante que contient l'enfant-qui-vit-toujours-en-nous (et qu'Eric Berne baptisera l'**E**nfant avec un **E** majuscule, pour le distinguer du mot *enfant* du langage courant) est ce que nous appelons la capacité **intuitive** — une « chose » que la science connaît encore fort mal — mais qui, cependant, est fondamentale pour résoudre les problèmes de l'existence.

L'intuition fonctionne comme une double capacité: 1° celle de capter — via nos systèmes sensoriels — des

informations provenant de notre environnement, en les protégeant de nos systèmes de jugement, les préservant ainsi d'exclusions rapides;
2° celle de « jouer », de manipuler, de transformer ces informations — des choses, des impressions, des idées, des réflexions —, donnant ainsi naissance au mécanisme créatif.

Est-ce à dire qu'il y aurait quelque chose de commun entre le travail créatif de Beethoven, le plombier qui trouve un « truc » astucieux, et la femme qui « sent quelque chose » en présence de quelqu'un ou d'une situation ?

Nous le pensons.

Revenons à notre petite expérience.
Pendant la lecture du texte décrivant l'expérience du tube de dentifrice, il se peut qu'un certain nombre de messages vous soient parvenus à l'esprit.

Des messages tels que :

« Mais qu'est-ce que cette histoire... qui n'a ni queue ni tête ! »

« Ce n'est pas sérieux, on ne fait pas des choses pareilles ! »

« Ou encore, des messages tels qu'auraient pu en prononcer des personnes « aînées » (père, mère, frère, sœur, professeurs, amis influents), bref, des personnes qui ont gravé dans nos mémoires des **messages parentaux.**

Et si vous y prêtez attention, ces messages étaient probablement accompagnés d'**attitudes parentales** (doigts tendus, regards menaçants, rictus désapprobateurs).

Et bien, ces messages et ces attitudes parentales sont gravés en nous, comme reste vivant en nous le petit enfant dont nous avons parlé plus haut.

Et, eux aussi, sont bien utiles à nos vies de grandes personnnes.

Ce sont eux qui nous font respecter les « feux rouges » de la vie (« Ne vole pas, ne commets pas d'imprudences, d'actes illégaux ») qui constituent les bases du respect fondamental d'autrui et de nous-mêmes (« Tu es quelqu'un d'important ! Ne commets pas d'imprudence avec ta vie, ta santé ! »).

Les messages parentaux contiennent aussi énormément de jugements (certains psychologues avancent que près de 75 % de ce qui sort de la bouche des humains sont des jugements) sur les choses et sur les autres. Ces jugements tout faits — que nous avons en quelque sorte « achetés » à nos aînés — peuvent, dans bien des cas, nous faire gagner du temps. (« Telle personne — une figure aînée — dit que cet endroit est dangereux. Et bien ! Je n'y vais pas ! » L'« économie » réside dans le fait que je n'aie pas à analyser l'endroit par moi-même. Quelqu'un l'a déjà fait pour moi.)

Et puis, parmi les messages parentaux, il y en a toute une gamme par laquelle nous entrons facilement en communication avec les autres, ce sont les **messages parentaux bienveillants.** Messages (et attitudes, ne l'oublions pas !) par lesquels nous pouvons aider, soutenir, encourager les autres. (« Vous êtes quelqu'un de formidable ! Sans vous, je me demande comment nous ferions ! Bravo ! Tu es un champion ! J'ai l'impression que tu es en difficulté, puis-je t'aider ? »)

Bien sûr, dans les explications qui ont suivi notre petite expérience, nous avons surtout souligné le caractère positif des messages parentaux et de l'Enfant (toujours vivant en nous).

Mais, comme vous avez poursuivi votre lecture, c'est qu'il existe une troisième partie en vous, capable d'analyse et qui a probablement décidé de se faire sa propre opinion, c'est la capacité dont le fonctionnement ressemble le plus à celui d'un ordinateur, la partie de vous-même qu'Eric Berne appelle l'Etat du Moi Adulte.

C'est l'Etat du Moi Adulte qui a aussi une fonction équilibrante entre les pulsions de l'Etat du Moi Enfant (« Ce feu rouge m'emm... Je fonce ») et les normes contenues dans l'Etat du Moi Parent — parce que c'est ainsi qu'Eric Berne nomme l'Etat du Moi qui contient les messages et attitudes parentaux (« Il faut obéir au Code de la Route ! » ou « Si je suis pris, je risque de perdre mon permis »).

On représente les trois Etats du Moi par des sphères disposées comme suit :

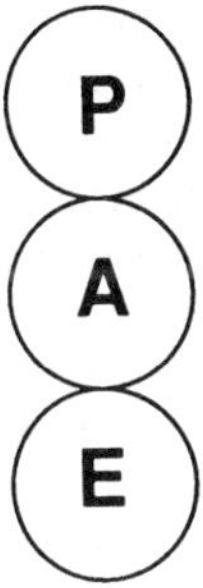

Ce schéma représente la **structure de la personnalité**

Nous allons maintenant donner une définition de chaque Etat du Moi. L'Etat du Moi Parent a été subdivisé, par Eric Berne, en Etat du Moi **Parent Normatif** — parfois appelé Parent Critique — et en **Parent Bienveillant** (*Parent Nourricier*) — parfois appelé Parent Donnant.

L'ETAT DU MOI PARENT

Tout être humain a enregistré des normes, des opinions, des jugements sur les choses et sur les gens avant qu'il n'ait la possibilité d'analyser la justesse de ces normes. Il a aussi enregistré des modèles de comportement, des manières de parler, d'utiliser sa voix, son visage pour chercher à imposer, à ordonner, à dominer, à critiquer ou à dévaloriser les autres. Mais aussi des modèles de comportement pour protéger, aider, encourager les autres, des comportements de bienveillance.

Une personne est dans son Parent lorsque son comportement reproduit celui qu'elle a vu, perçu, observé chez ses propres parents ou chez des personnes qui ont eu sur elle une influence dominante : ce peuvent être des « modèles » plus récents tels que patron, collègue influent, client prestigieux, etc.

L'Etat du Moi Parent est subdivisé en deux réalités bien différentes :

ETAT DU MOI PARENT
(contient et reproduit "enregistrements" de valeurs et de comportements)

PARENT NORMATIF
dicte, dirige, impose,
émet principes
protège, juge, critique
dévalorise (**P**)
agresse (**P**)

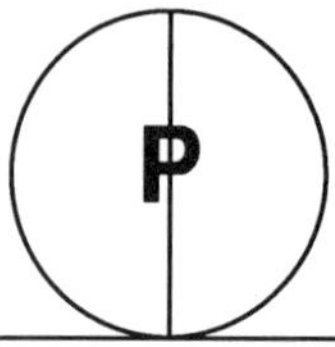

PARENT BIENVEILLANT
aide, encourage
félicite, apprécie
prend en charge
à la place de l'autre
surprotège (**S**)

LE PARENT NORMATIF

Il contient les règles, les normes, les opinions, les valeurs, les préjugés, les modèles de comportement d'autorité, de dominance sur les autres.

Aspect positif : c'est la partie directive qui donne des instructions, qui dicte des normes dans une relation respectueuse.

Aspect négatif : c'est la partie qui s'exprime dans une relation non-OK pour critiquer, dévaloriser l'autre.

On dit alors de la personne qu'elle est dans un rôle Persécuteur (P) - Dévalorisant.

LE PARENT BIENVEILLANT

Il contient les modèles de comportement protectifs, sécurisants, protégeants, encourageants, compréhensifs, permissifs à l'égard des autres et de soi-même.

Aspect positif: c'est la partie qui protège, qui aide, encourage, donne des permissions, qui fait preuve de prévenance.

Aspect négatif: lorsque l'individu l'utilise pour surprotéger (empêcher l'autre de se développer, de faire ses propres expériences), fait les choses à sa place (« parce qu'il n'en est pas capable »), ce rôle est appelé rôle Surprotecteur-Sauveur (S).

Comment fonctionne l'Etat du Moi Parent ?

Et comment reconnaît-on que quelqu'un « est » dans son Parent — comme on dit en AT ?

Des trois Etats du Moi, le Parent est celui qui « fonctionne » le plus comme un magnétoscope — en ce sens qu'il enregistre une grande quantité d'informations et qu'il les reproduit à d'autres moments.

Un large éventail d'informations. Des paroles, des gestes, des mimiques, des intonations, des idées, des jugements, des valeurs — on dira plutôt des normes — sur les choses et sur les gens.

La plus grande part de ces enregistrements s'effectue durant l'enfance et l'adolescence. Et, très tôt, les jeunes s'emploient à reproduire ces enregistrements « pour faire comme les grands » tout d'abord; puis, plus tard, l'Etat du Moi Parent reproduira ces enregistrements avec plus ou moins de pertinence.

Prenons un exemple :
Le petit Guillaume a vu son Papa tendre un doigt menaçant en le grondant parce qu'il n'a pas rangé sa chambre. Quelque temps plus tard, on verra le petit Guillaume — dans une cour de récréation — s'essayer à un comportement nouveau : dire, sur un ton de voix proche de celui de son père, et en tendant un doigt menaçant vis-à-vis de son petit copain de classe qui lui a fait une « méchante » blague en lui cachant son cartable : « Ce n'est pas bien, Emile, ne refais plus cela ! » Cet enregistrement servira de référence à Guillaume pour les situations dans lesquelles il aura à exprimer sa désapprobation.

Et on le retrouvera, trente ans plus tard — alors qu'il est devenu chef de bureau dans une compagnie d'assurances — tançant l'un de ses subordonnés, avec des paroles différentes bien sûr, mais un ton de voix et un index tendu qui sont toujours ceux de son père, pour dire : « Votre rapport ne vaut rien, Robert ! Ne faites plus jamais un rapport de cette façon ! »

Un autre exemple :
Petite fille, Marthe a souvent vu sa maman se précipiter au-devant des désirs de son mari, sans que celui-ci n'ait demandé quoi que ce soit : « Mon chéri, veux-tu que je t'apporte tes pantoufles ? Est-ce que tu veux un petit apéritif ? », tout ceci prononcé sur un ton de voix chaleureux qu'accompagne un large sourire accueillant. Quelque temps plus tard, on verra la petite Marthe entourer de soins multiples son petit cousin Guillaume dont on lui a confié la garde pour l'après-midi — et reproduire les mêmes gestes et ton de voix que sa maman pour dire : « Attends, mon petit Guillaume, Marthe va te préparer une limonade ! » Trente ans plus tard, on retrouve Marthe qui, organisant une petite soirée, se précipite au-devant de ses invités, le verre à la main : « Vous prendrez bien un cocktail ! Je l'ai préparé spécialement pour ce soir ! »

Et bien sûr, les enregistrements de notre Parent ne sont pas limités à la façon d'exprimer une désapprobation ou de se montrer bienveillant à l'égard de quelqu'un.

Ils vont, grosso modo, contenir tous les enregistrements observés — depuis l'enfance jusqu'à bien tard dans l'existence — des manières d'agir, des comportements (avec tous les aspects que cela comprend) des personnes qui sont, à un moment donné, en situation de dominance sur d'autres. Que ce soit dans des situations familiales, scolaires ou sociales.

Cela veut dire que notre Parent enregistre tout autant des comportements de nos parents, que ceux de nos frères et sœurs, grands-parents, oncles, tantes, cousins, professeurs, chefs, amis, « vedettes » ou « maîtres » de tout genre.

Et, ceci, comme nous l'avons dit, tout autant pour des comportements Parent de type normatif ou critique que pour des comportements bienveillants ou aidants.

Quelques exemples de comportements du Parent Normatif (ou *Parent Critique*)

Un homme ou une femme, un adolescent qui :
— frappe son poing sur la table pour affirmer quelque chose ;
— dans une soirée, passe un bon bout de temps à « casser du sucre sur le dos » des hommes, des femmes, des jeunes, des politiciens, des médecins, de la société, etc. ;
— dans une réunion de travail, dit « Ça ne marchera jamais » ou « On a déjà essayé ça ! » à une suggestion émise par un participant ;
— insulte, calomnie, médit ;
— assène des vérités avec un ton n'autorisant aucune discussion ;
— dit : « C'est comme ça qu'il faut faire, qu'il faut te comporter ! » ;
— donne des ordres ;
— dit : « Ça, c'est bien » ou « Ça, c'est mal ! » ;
— menace, injurie ;
— tend l'index et juge : « C'est ta faute ! » ;
— fait un « bras d'honneur » dans la circulation, ou même tout simplement donne un coup de klaxon parce qu'on a commis une « petite faute » par rapport au Code ;
— juge quelqu'un d'autre ;
— dévalorise quelqu'un : « Tu n'es pas capable de… » ;
— toise quelqu'un d'autre, le menton relevé et les mains sur les hanches ;
— crie : « Sortez par là ! » à des gens coincés dans un bâtiment qui vient de prendre feu ;
— utilise sa voix autoritaire pour dire à un petit enfant : « Ne mets pas tes doigts dans cette prise de courant ! » ;
— dit à sa secrétaire : « Faites-moi cinq copies de ceci ! ».

Quelques exemples de comportements du Parent Bienveillant (ou *Parent Nourricier*)

Un homme, une femme, un adolescent qui :

- prend dans ses bras un petit enfant qui est tombé et s'est fait mal, le console, l'embrasse et le rassure : « Ce gros bobo va passer ! » ;
- dit à quelqu'un qui s'est trompé : « Ce n'est pas grave, ça arrive à tout le monde ! » ;
- félicite un collègue : « Bravo Lucien ! Tu as trouvé là une excellente solution ! » ;
- dit à un client inquiet : « Ne vous en faites pas, je suis là pour tout arranger » ;
- se précipite au-devant de ses amis en cherchant comment leur faire plaisir ;
- prépare une tisane pour son conjoint qui rentre enrhumé ;
- console, encourage, soutient ;
- propose de l'aide : « Est-ce que je peux faire quelque chose pour toi ? »

Quelques exemples de préjugés du Parent Normatif

Les humains « inventent » peu de préjugés nouveaux. Un préjugé est un jugement qui « vient » avant une analyse ou une réflexion propre sur une situation ou sur une ou plusieurs personnes.

C'est en général un processus visant à éviter une appréciation faite par soi-même, après observation. Celui qui se réfère (c'est rarement très conscient) à un préjugé le fait par facilité ou paresse intellectuelle.

Les préjugés se transmettent facilement de génération à génération — et pas uniquement par les lignées familiales.

Ils portent généralement sur la religion, les mœurs, l'emploi du temps, la politique, les carrières et le monde du travail, les rôles sexuels, l'éducation des jeunes, les catégories sociales, les styles de vie, les modes, les manières de s'habiller, la manière de parler, etc.

Beaucoup de parents se réfèrent aux préjugés – dans l'éducation de leurs enfants – plutôt que de s'en référer aux faits de l'existence.

De nombreux préjugés qui sont adressés à une seule personne se réfèrent à des préjugés concernant une catégorie de personnes (comme ceux utilisés par un homme vis-à-vis d'une femme, ou d'un jeune, d'un étranger, d'une personne appartenant à une catégorie sociale différente de la sienne) :

- « Les ... (jeunes, étrangers, patrons, ouvriers, hommes, femmes, enfants, etc.) sont – ou : ne sont pas – dignes de confiance (ou fréquentables, intelligents, créatifs, etc.. »
- « Les femmes ne doivent pas se promener en pantalon. »
- « Un vrai homme doit savoir boire. »
- « Une petite fille ne se met pas en colère. »
- « Un garçon, ça ne pleure pas ! »
- « N'engagez pas cette femme pour diriger une équipe. Commander, c'est une affaire d'homme. »
- « Tout le monde sait bien que cela ne se fait pas (ou cela se fait) ! »
- « Les Africains (ou les Américains, les Italiens, les Nordiques, les Turcs, etc.) ne comprennent rien à nos lois (ou à l'amour, l'informatique, nos règles de politesse, la cuisine, aux enfants, etc.). »
- « Une femme chirurgien (ou commissaire de police, ou directeur du personnel, ou cycliste, etc.), ça n'existe pas. »
- « Tout va de travers actuellement. Les jeunes ne veulent plus travailler. Même le temps est détraqué ! »

Les messages Parent (Normatif et Bienveillant) nous servent ou nous desservent nous-mêmes

Les messages Parent ne sont pas utilisés que pour s'adresser aux autres. Nous communiquons également avec nous-mêmes.

Ce sont les voies intérieures qui nous aident dans certaines circonstances, qui nous découragent dans d'autres.

« Vas-y, mon vieux ! Tu y arriveras ! »
« C'est une réussite de vrai champion ! »
« Ne te laisse pas décourager ! »

mais aussi :

« Espèce d'idiot ! »
« T'as jamais été capable de réussir à vendre quoi que ce soit ! »
« Les maths, c'est pas ton truc ! »

Ce sont bien des messages Parent adressés à soi-même.

Voilà.

Nous avons fait connaissance avec un premier Etat du Moi : l'Etat du Moi Parent.

Par convention, on le représente au-dessus des deux autres Etats du Moi.

Comme ceci :

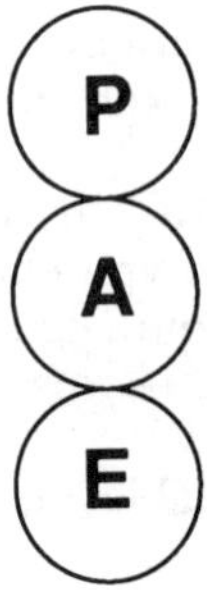

Le premier Etat du Moi – dans le sens de son apparition chez le nouveau-né – Berne l'a appelé l'Etat du Moi Enfant*. Cet Etat du Moi Enfant, présent donc au moment de la naissance, **va demeurer vivace jusqu'au dernier jour de notre vie,** parce que c'est celui qui contient nos besoins, nos désirs, nos pulsions – bref, une partie importante de nous qui existe depuis notre apparition sur terre jusqu'à notre dernier souffle.

Tout comme l'Etat du Moi Parent, l'Etat du Moi Enfant a fait l'objet d'une judicieuse subdivision : on distingue donc ce que l'AT appelle :

– **Enfant Libre** (*Enfant Naturel* ou *Enfant Spontané*)

et

– **Enfant Adapté.**

* Certaines personnes n'aiment pas que Berne ait donné aux Etats du Moi des noms familiers. Leur Parent Normatif considère que cela ne fait pas très sérieux de considérer qu'un grand philosophe ait un Etat Enfant. M. Gorbatchev en a-t-il ? Oui, assurément. C'est la partie en lui qui s'est déclarée émue en recevant le prix Nobel de la Paix 90. Et puis, s'ils n'aiment pas les mots familiers, ils peuvent toujours remplacer Parent, Adulte, Enfant par Extéropsyché, Néo-psyché et Archéo-psyché.

L'ETAT DU MOI ENFANT

Tout être humain vit des choses importantes pour lui. Des choses qu'il aime ou qu'il n'aime pas. Sans pouvoir forcément comprendre pourquoi. Il éprouve des joies, des plaisirs, des satisfactions. Ou des déplaisirs, du regret, de l'amertume, de la colère, de la crainte, des anxiétés. C'est l'Etat du Moi où se manifestent les besoins, les désirs : soit qu'ils s'expriment spontanément, librement, soit qu'ils se sont adaptés aux besoins des autres ou de la société.

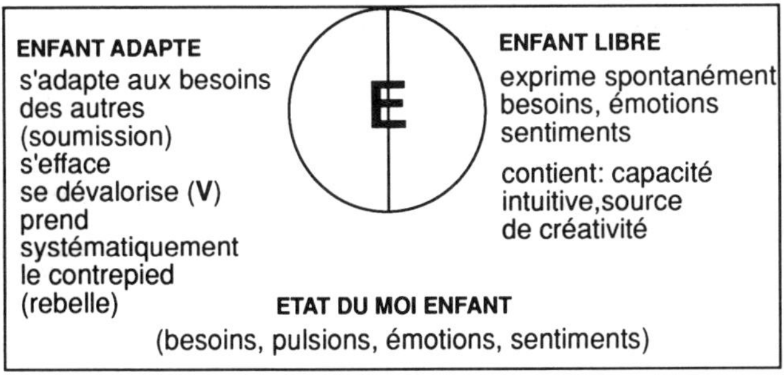

ENFANT LIBRE

On dit d'une personne qu'elle est dans son Enfant Libre lorsqu'elle exprime ses sentiments, ses émotions, ses désirs spontanément. L'Enfant Libre est aussi le siège de l'Intuition, indispensable à la capacité créative.

Aspect positif: l'Etat Enfant, c'est le « cœur » de l'homme, le centre du « vécu », lieu privilégié d'une rencontre vraie.

C'est l'expression spontanée des sentiments (davantage qu'il n'a été traditionnellement permis) qui permet d'éviter les incompréhensions, les malaises si fréquents dans les relations humaines.

La capacité d'intuition permet des merveilles tant dans la vie privée que dans la vie professionnelle.

Aspect négatif: comme pour les autres Etats du Moi, une personne qui est toujours dans son Etat Enfant sera « difficile à vivre » et, dès lors, vite rejetée.

La capacité intuitive de l'Enfant Libre constitue une potentialité telle qu'Eric Berne — et la grande majorité de ses disciples — en a fait une troisième subdivision de l'Etat du Moi Enfant, sous le nom de **« Petit Professeur ».** Nous y reviendrons.

Quelques exemples du comportement de l'Enfant Libre (ou *Enfant Spontané*)

Un homme, une femme, un petit ou un adolescent qui :

— dit : « J'aime (bien) le chocolat, le cinéma, Tante Rita, le patron, les haricots, les Italiens, le football, être caressé, faire ce travail, le Président, etc. »;

— dit : « Je n'aime pas le chocolat, etc. »;

— exprime ces sentiments par des gestes, des cris, des signes de joie, d'approbation, de satisfaction — ou l'inverse;

— rit de bon cœur;

— rit à gorge déployée;

— pleure à chaudes larmes (même un homme — « Un homme ne pleure pas » est une règle Parent à réexaminer; les fonctions lacrymales n'ont pas intérêt à être contrariées, les bioénergéticiens pensant que toute expression émotionnelle qui n'est pas « vidée » se retourne contre le corps);

— dit ses peurs, ses craintes, ses angoisses;

— sourit de plaisir;

— exprime sa colère — la colère exprimée par l'Enfant Libre est une émotion saine et non menaçante. **Attention!** dans notre société, la confusion entre exprimer sa colère et l'agressivité est très répandue! Exprimer sa colère consiste en fait — il n'est pas inutile de le rappeler — à **informer** l'autre d'un sentiment que l'on éprouve.

  Compte tenu de sa nature, il est normal de l'exprimer avec une certaine intensité.

  Il est intéressant de prendre conscience que la colère exprimée avec agressivité est une **manipulation** visant à effrayer l'autre par une menace — et est d'ailleurs bien plus souvent une expression du Parent Normatif, plutôt que de l'Enfant Libre;

— un homme ou une femme qui fait l'amour avec intensité et liberté.

Le « petit professeur »

C'est bien du côté de l'Enfant Libre que se trouve cette immense capacité humaine qui a pour nom **Intuition**.

(Attention au préjugé vivace qui fait de l'intuition une qualité uniquement féminine. Ce préjugé est en contradiction avec le fait que, dans l'histoire humaine, la grande majorité des inventeurs ont été – jusqu'à présent – des hommes.)

La faculté créatrice repose sur l'intuition.

Dans son édifiant ouvrage « Le cri d'Archimède », Arthur Koestler – qui a sans doute le mieux étudié le processus créatif – démontre combien intuition et processus créatif sont liés.

Une intuition partagée par E. Berne qui, dès lors, a choisi de représenter cette capacité comme une entité « à part » – et donc une troisième subdivision de l'Etat Enfant auquel il a donné un nom évocateur : le Petit Professeur.

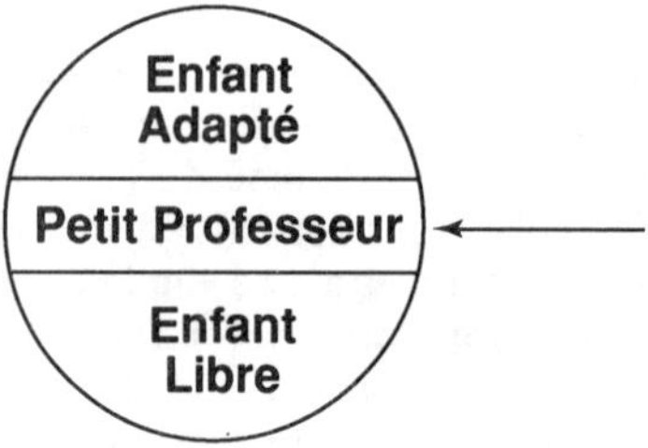

Nous avons eu l'occasion d'observer que dans le contexte européen – peut-être en est-il autrement dans le contexte d'origine d'Eric Berne – le mot « professeur » fait généralement songer à une personne qui enseigne souvent à partir de son Etat du Moi Parent Normatif. Il semble bien qu'Eric Berne veuille se référer à la partie **créatrice** qui existe – potentiellement – dans l'Enfant Libre de chacun de nous. Et comme les « inventeurs » dans l'histoire récente étaient souvent des professeurs, on comprend le choix du fondateur de l'Analyse Transactionnelle — qui l'a d'ailleurs « inventé » à partir de cette partie de lui-même, comme il l'explique dans « Analyse Transactionnelle et psychothérapie ».

Peut-être le terme **Petit Inventeur** aurait-il été plus judicieux? Mais nous prenons déjà suffisamment de libertés avec le vocabulaire de l'AT que pour ne pas ajouter un terme nouveau supplémentaire.

Comment fonctionne la « partie créatrice » ?

Ce qu'on appelle « intuition » est une capacité qui fonctionne un peu comme un radar.

Un radar qui capterait quoi?

Des signes émanant des choses et des gens.

Des signes souvent subtils — que ne percevraient pas forcément toujours nos instruments scientifiques souvent trop grossiers.

Si vous doutez de votre capacité à capter des signes « subtils » provenant des autres, voyez comme il est difficile de répondre aux quelques questions suivantes avec une précision minutieuse (de type scientifique) :

— Comment un petit sait-il qu'il peut demander à être cajolé par Maman ou Papa?
— Comment un adulte sait-il, au cours d'une discussion avec son patron, que le moment est propice pour demander un jour de congé?
— Comment un adulte sait-il, en face d'un partenaire sexuel potentiel, que le moment est venu de faire une proposition?

A part lorsque les réponses à ces questions sont d'ordre purement rationnel (c'est-à-dire lorsqu'il s'agit de phénomènes observables et descriptibles) comme, par exemple,

— parce que Papa s'avance bras tendus, avec un large sourire;
— parce que le patron vient de parler du caractère « calme » de ces journées avoisinantes des jours de Noël;

— parce que ledit partenaire a des gestes ou des mots absolument non équivoques;

Il faut bien reconnaître qu'une grande majorité des gens interrogés sur « ce qui a déclenché » le comportement décrit, répondront que c'est **parce qu'ils l'ont « senti ».** Et bien, cette capacité à **sentir** les gens et les choses, est précisément ce qu'on nomme **intuition.**

Sentir les choses, cela signifie, par exemple, découvrir des capacités — qui correspondent généralement à des lois physiques ou chimiques (souvent) connues — des objets ou des réalités physiques.

Le meilleur exemple est peut-être celui lié à l'invention de l'imprimerie où Gutenberg a, à un moment donné, l'intuition qu'une feuille d'arbre déposée sur un papier, laissera sur celui-ci son empreinte.

Que fait-on des « signes » ainsi captés ?

Essentiellement, on les manipule.

C'est-à-dire que la fonction créatrice consiste — dans le meilleur sens du mot — à « jouer » avec ces « signes », à les « manier » (au sens figuré) « dans tous les sens » jusqu'à ce que ces « maniements » provoquent un « déclic » — qui signifie que l'on a trouvé.

Que l'on a trouvé quoi ?

- Soit le sens du comportement de l'autre (un sens qui n'était, bien sûr, pas évident par ce qui était directement observable — cfr les 3 situations décrites plus haut).
- Soit une solution nouvelle (Gutenberg qui pense à « transposer » sur des petites pièces en métal le phénomène physique de la feuille d'arbre laissant un dépôt de matières sur la feuille de papier).

Eh oui, Koestler avait probablement raison : l'homme ne crée pas réellement, il ne fait (et ce n'est déjà pas si mal, si l'on juge par les magnifiques « inventions » qu'il a mises au point depuis celles du feu et de la roue jusqu'aux prouesses techniques les plus récentes !) que découvrir des lois physiques et chimiques dans son cerveau – dans la partie qu'Eric Berne appelle son « Petit Professeur » – il **associe** des « choses » qui jusque-là ne l'étaient pas et de ce fait, « conçoit » des choses nouvelles, invente.

Ceci pour les « choses physiques ».

En ce qui concerne les personnes, on peut – de même – affirmer que ce travail du cerveau consiste à associer des observations nouvelles (du moins sont-elles nouvelles pour celui qui se trouve devant un comportement – ou plutôt un micro-comportement* – qu'il n'a, lui-même, jamais rencontré).

Donc, en face des autres, à certains moments, nous utilisons nos capteurs sensoriels (auditifs, visuels, olfactifs, kinesthésiques, et même gustatifs) d'une façon tellement **fine, aiguë**, que notre cerveau – dans un fonctionnement décrit ci-dessus – « traite » les informations « captées » d'une manière telle qu'il s'en déduit une « compréhension » nouvelle du comportement de son interlocuteur.

Faute d'en avoir analysé le fonctionnement, l'homme a jusqu'à présent nommé cette faculté la « connaissance intuitive ».

En ne manquant pas d'y ajouter – assez souvent – une connotation « magique », notamment en attribuant à certains privilégiés uniquement des « pouvoirs » extraordinaires.

Ce qui nous fait conclure cette petite explication sur le « Petit Professeur » d'Eric Berne – ou la partie créatrice de notre Enfant Libre – en citant le titre de l'ouvrage de M. Aurive : « Vous êtes médium. »

---

* Micro-comportement est un terme utilisé par la Programmation Neuro-Linguistique (voir *La Communication efficace par la PNL*, René de Lassus, Marabout n° 3510) – une autre école psychologique de communication et d'évolution qui désigne des aspects « microscopiques » du comportement, tels que la variance dans l'épaisseur et l'humidité des lèvres, la variance de la coloration de la peau, etc.

Quelques exemples de comportements de la partie créative de notre Enfant Libre

Un homme, une femme, un petit qui :
— joue avec des objets divers et les « arrange » en une forme nouvelle ;
— dans une réunion professionnelle, laisse aller son imagination, et trouve une solution inédite à un problème ;
— « tripote » un appareil qu'il ne connaît pas pour en saisir le mécanisme ;
— pense : « Si je le lui présente ça comme ça, il marchera » ;
— pour obtenir quelque chose, fait des minauderies, fait la moue ;
— face à un obstacle, dit : « Si je m'y prends comme ça... ça ira sûrement » ;
— face à une difficulté, dit : « Si on essayait tout de même. »

Remarque importante pour les professionnels :
Dans de nombreux groupes humains – et plus particulièrement au travail –, il est des moments où l'on voudrait solliciter la créativité des gens pour résoudre un problème ou trouver des idées. Il faut savoir que cela ne se fait pas n'importe comment – il ne suffit pas d'ordonner aux gens d'être créatifs pour qu'ils le deviennent instantanément.

Une des principales difficultés à lever est l'ensemble des interdits et préjugés contenu dans le Parent Normatif des participants vis-à-vis de l'usage des techniques de créativité.

ENFANT ADAPTÉ

Lorsque la personne adapte ses besoins, ses désirs à ceux des autres. Cela peut se faire à des degrés divers :

— adaptation **sociale** aux demandes (l'autre émet une demande, on en tient compte et on modifie son propre besoin) ou aux règles que l'on accepte (acceptation de règles de politesse, par exemple);
— soumission (par exemple par crainte des réactions de l'autre);
— dévalorisation (s'effacer, se dire incapable, se présenter comme une Victime) (rôle de Victime) (V);
— rébellion (prise systématique du contre-pied).

Quelques exemples de comportement de l'Enfant Adapté

Un homme, une femme, un(e) petit(e) qui :

- **Enfant Adapté Soumis**

— s'arrête parce que le feu est rouge;
— respecte les consignes de sécurité;
— respecte les règles de politesse;
— s'efface devant l'autre;
— dit « OK » sans discuter.

- **Enfant Adapté Victime**

— dit : « J'ai essayé… mais je n'y arrive pas »;
— dit : « Moi, vous savez… ce genre de choses… je ne suis pas doué pour… »;

— dit des phrases avec un sujet anonyme : **Il** et **On** « Il faudrait que... On devrait toujours... »;
— doute de soi : « J'ai fait de mon mieux, mais... »;
— se dévalorise : « Je ne suis jamais capable de... »;
— parle d'une façon plaintive;
— voit des Parents partout et se sur-adapte;
— se plaint, gémit;
— pense souvent : « X est mieux que moi. »

- **Enfant Adapté Rebelle**

— dit : « Vous n'avez pas le droit », « Vous pouvez toujours courir »;
— dit souvent et systématiquement « Non »;
— coupe la parole;
— élève la voix;
— répond du tac au tac;
— transgresse les règlements;
— défie les autres;
— râle « C'est toujours la même chose »;
— pense : « Ils vont bien voir »;
— mène à l'agitation et la violence;
— porte des vêtements, écoute de la musique, décore son logement, sa voiture « contre » les autres...

Aspect positif : l'Enfant Adapté est ce qui nous permet de réussir notre acceptation sociale.

C'est lui qui nous fait accepter les « feux rouges » de la vie en société, nous évitant ainsi bien des tracas.

Aspect négatif : comme pour chaque Etat du Moi, une personne qui serait presque toujours dans son Etat du Moi Enfant Adapté serait « difficile à vivre » — pensons aux personnalités chez qui la dimension « rebelle » est la première réalité de leur personnage — ou peu « intéressante » — pensons à ceux qui vivent leur vie en position de « Victime ».

Comment fonctionne l'Etat du Moi Enfant ?

Chacun d'entre nous est né un jour et — comme l'ont défini les biologistes, les pédiatres et les psychologues — avec un psychisme déjà présent bien avant le jour de notre naissance. On peut aujourd'hui affirmer cela tant les manifestations d'existence propre ont été maintes fois observées chez les petits en gestation. A partir de quand ? Voilà une question qui reste difficile. De même qu'on peut affirmer qu'en termes d'AT, c'est l'Etat du Moi Enfant qui est le premier présent dans la vie d'un individu, on peut — sans se tromper — affirmer qu'il en est de même à l'autre extrémité de la vie.

Et même, si certaines personnes laissent dans le souvenir de leurs proches des propos prononcés avec leur dernier souffle qui s'avèrent être des propos Parent : « Soyez toujours riches (ou honnêtes, ou heureux) ! », l'analyse des derniers instants de la vie — aujourd'hui plus développée que jamais — fait apparaître que les derniers moments de la vie sont davantage de l'ordre affectif, émotionnel que cognitif. Toute notre vie, les événements, les comportements de ceux qui nous entourent nous affectent, nous touchent, nous font quelque chose. Et ceux qui tentent d'abuser les autres — en feignant l'indifférence aux autres et aux événements — feraient bien de réfléchir, afin de prendre conscience du coût énergétique de ce « cinéma », ainsi que de la perte en expériences essentielles, que cette attitude s'avère ruineuse !

Toute notre vie, ce qui se passe — événements et comportements — nous affecte, c'est-à-dire nous procure des satisfactions ou des insatisfactions, nous procure des joies, des chagrins, de la colère ou de la peur. Joie, tristesse, colère et peur sont les quatre grandes émotions que nous pouvons exprimer avec notre Enfant Libre (ou *Enfant Spontané*).

L'Enfant Libre est donc :

— sensible à ce qui se passe — rien ne le laisse *vraiment* indifférent;

— impulsif — c'est-à-dire porté à exprimer ses pulsions et ses réactions sans l'intervention d'une censure intérieure;
— sensuel — tout ce qui se passe au niveau des sens est également très important;
— et curieux (voir plus loin).

On l'aura compris, les deux Etats du Moi que nous avons décrits jusqu'à présent — l'Etat Enfant et l'Etat Parent — sont les parties les plus anciennes de notre Moi et, si, comme chaque partie de nous-mêmes, ils peuvent s'avérer être de précieux alliés de nos bonheurs et de nos réussites, il faut bien constater que beaucoup de nos contemporains s'enferrent dans des manières de vivre malheureuses parce que dominées par leurs Etats Enfant et Parent.

En effet, de nombreux individus semblent limiter l'usage de leurs forces psychiques aux seules pulsions, désirs et besoins, que semblent contenir — et pas toujours — leurs normes Parentales — souvent, dès lors, dirigées d'une façon critique. Ce serait sans doute le triste sort de l'humanité — existerait-elle encore ? — si nous n'utilisions la troisième instance psychologique de notre Moi : celle qu'Eric Berne a appelée...

L'ETAT DU MOI ADULTE

Tout être humain (physiquement sain) possède aussi la capacité de percevoir des notions par lui-même, y réfléchir, les évaluer, les analyser, les confronter entre elles, faire des déductions, comprendre.

Et aussi écouter des informations (attention ! n'oublions pas : « Il pleut » ou « Paris est la capitale de la France » sont des informations), expliquer les choses, demander des choses aux autres (« Veux-tu me passer le sel, s'il te plaît » est une demande).

Ce sont les activités **importantes** de l'Etat du Moi Adulte.

Et il est – peut-être – important de le rappeler : tout individu dispose et emploie son Etat Adulte.

Répondre à la question « Comment t'appelles-tu ? » se fait avec l'Etat du Moi Adulte. Tout comme expliquer à un petit comment on fait du feu... ou comment on commute un interrupteur.

A juste titre, on appelle parfois l'Etat du Moi Adulte **l'Ordinateur.**

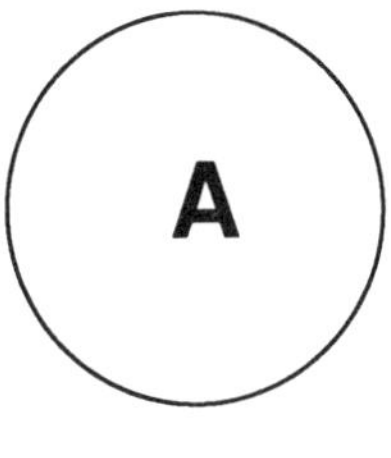

ETAT DU MOI ADULTE

(ordinateur)
compare, évalue
analyse, réfléchit
enregistre et
communique
informations
demande

Aspect positif : permet la prise d'informations dans toutes les réalités de la vie, la prise de décisions réfléchies, la résolution de problèmes, la réalisation des tâches, la négociation.

C'est également l'Etat du Moi Adulte qui permet une intégration harmonieuse entre les désirs (Enfant) et les valeurs (Parent) qui donne à la personnalité le sentiment d'être à l'aise dans l'existence, en accord avec soi.

Aspect négatif : provient de l'abus d'utilisation de cet état dans les relations humaines. Quelqu'un qui serait toujours dans son Adulte serait un véritable robot.

Comment fonctionne l'Etat du Moi Adulte ?

On pourra surtout observer deux modes de fonctionnement de l'Etat du Moi Adulte :

— *Tourné vers l'extérieur de la personne* pour analyser, interroger son entourage et son environnement.

Ce seront alors des questions de compréhension, d'information, d'apprentissage (concernant tout aussi bien des problèmes domestiques que des questions culturelles : « Comment fais-tu pour réussir cette sauce ? » et « Comment fais-tu pour remplir une déclaration d'impôts de type AAB ? »)

Ce seront aussi des « *vraies demandes* » d'adulte — en lieu et place des « demandes forcées » du Parent ou des demandes « mendiées » de l'Enfant.

Exemple : « J'aimerais aller à la côte ce week-end avec toi et je te demande si ça te convient ? » en lieu et place de : « Tu devrais aller à la côte, cela te ferait du bien ! » ou, gémissant : « Il y a bien longtemps que je n'ai plus vu la mer... »

Ce seront aussi les informations réellement « franches » données à l'autre sur ce qu'on pense ou ressent — en lieu et place d'informations teintées de jugement du Parent ou d'informations « gémissantes » de l'Enfant.

Exemple : « J'aimerais que tu te fasses couper les cheveux » en lieu et place de : « Fais-toi couper les cheveux rapidement ! Tu as l'air de (un singe, une hippie ! une simple d'esprit ! etc.) » ou de, prononcé d'une manière plaintive : « Si on doit aller ce soir chez les Dupont, de quoi aurai-je l'air, avec une femme coiffée comme toi ! »

Autre exemple : « Je t'informe que ta manière d'agir avec Muriel ne me plaît pas » en lieu et place de « Tu t'es comportée comme une idiote avec Muriel ! »

Ou encore : « Je te dis que je n'aime pas aller chez Louis, parce que je crains ses jugements. »

— *Tourné vers l'intérieur de la personne*, à l'écoute attentive de son propre Parent et de son propre Enfant.

L'Adulte aux commandes de la personne est un garant d'efficacité, de réussite pour l'atteinte de ses objectifs dans la vie — en particulier, celui du bonheur ! — et de la réussite de ses relations avec les autres — condition si indispensable pour l'atteinte du bonheur !

Quelques exemples de comportements de l'Etat du Moi Adulte

Un homme, une femme, un enfant ou un adolescent qui :

— se tient le menton et réfléchit;
— pose des questions sur le fonctionnement d'un appareil, d'une machine, d'un objet;
— interroge « quelqu'un qui sait » plus que lui-même sur un sujet;
— demande une information à quelqu'un d'autre;
— interroge la banque de données d'un ordinateur;
— consulte un mode d'emploi, une encyclopédie ou un dictionnaire;
— regarde un documentaire filmé;
— discute avec d'autres (en informant et s'informant);
— demande à l'autre « Comment fait-on pour... »;

— adresse à l'autre de « vraies demandes » :
« J'ai envie de partir. Es-tu d'accord ? »
« Je voudrais ouvrir les fenêtres. Etes-vous d'accord ? »
« J'aimerais qu'on choisisse la solution B. Elle évoquerait pour moi de bons souvenirs. Qu'en pensez-vous ? »
— interroge les autres :
« Quel est ton avis ? »
« Que pensez-vous de l'idée de Marcel ? »
« Qu'est-ce que cela te fait comme effet ? »
« Comment te sens-tu ? »
— écoute son Enfant et son Parent, et décide avec son Adulte :

Le Parent de R. lui-dit : « Tu es un champion dans ta matière ! Pas besoin de relire ton rapport », son Enfant lui dit : « Encore relire ce rapport ! Quelle barbe ! » R. finit par décider avec son Adulte : « Françoise a raison, mieux vaut relire ce rapport. »

Le Parent d'André lui dit : « Si tu veux garder ton job, lève-toi et va travailler malgré ton rhume ! » Son Enfant Rebelle lui dit : « Encore une journée pour ce fichu patron ! De toute façon, il est déjà si riche ! » André décide avec son Adulte : Je vais téléphoner à mon médecin et je déciderai d'après son avis. »

Le Parent d'Odette lui dit : « Les promotions, c'est pour les hommes. » Son Enfant Adapté ajoute : « Et alors, ceux-ci ne t'aimeront plus. » Elle décide avec son Adulte : « Je suis une gestionnaire compétente. Je n'aurai pas de promotion ici, je vais chercher un emploi ailleurs. »

L'Enfant de Laurent : « J'ai envie de faire l'amour. » Son Parent : « Ce sont les hommes qui décident, non ! » Laurent décide avec son Adulte : « Monique sort à peine de sa grippe. Je peux attendre. »

L'Enfant de Pierre : « Je me sens coincé dans ma relation amoureuse. » Son Parent lui dit : « Tu devrais te contenter de ce que tu as, Pierre. D'ailleurs, on ne se sépare pas dans la famille. Personne n'a jamais fait ça ! » Pierre décide avec son Adulte : « Le prochain week-end, j'irai me promener seul à la campagne pour bien réfléchir aux avantages et limites de ma relation avec Anne. Je ne déciderai qu'après avoir bien réfléchi. »

Nous empruntons les trois derniers exemples à Muriel James et Dorothy Jongeward*.

L'Enfant de Jacqueline : « François ne m'aime pas, sinon il ne me laisserait pas seule ce soir. » Son Parent : « Je t'avais bien dit qu'il ne fallait pas faire confiance aux hommes. Ils n'ont qu'une chose en tête. » Jacqueline décide avec son Adulte : « Je sais que la pêche sous-marine passionne François. Et puisqu'il est allé à une conférence sur le sujet, je vais téléphoner à Véronique et lui proposer d'aller au cinéma. »

L'Enfant de Paul : « Je n'ai pas compris ce que vient de dire le moniteur. Mais si je lui redemande l'explication, je vais avoir l'air idiot. « Son Parent : « On n'interrompt pas un professeur pour si peu, sinon on a l'air stupide ! » Paul décide avec son Adulte : « Si je ne pose pas ma question maintenant, je risque de ne pas comprendre l'exposé et c'est *ça* qui serait stupide. »

Le Parent d'Alain : « La secrétaire a fait une grosse faute. Rien ne vaut une bonne engueulade pour apprendre. » Son Enfant : « Ah ! la charogne ! Elle a dû le faire expressément pour m'ennuyer ! » Son Adulte décide : « Tout le monde peut se tromper. Je vais lui expliquer ce que j'attends d'elle avec précision. »

---

* Dans « Naître gagnant », voir Bibliographie.

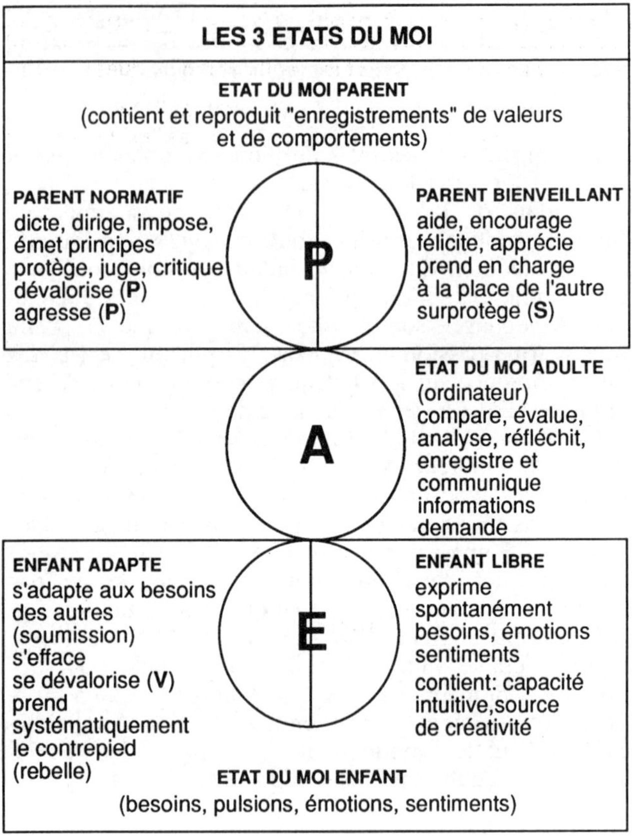
LES 3 ETATS DU MOI
ETAT DU MOI PARENT
(contient et reproduit "enregistrements" de valeurs et de comportements)
PARENT NORMATIF
dicte, dirige, impose, émet principes protège, juge, critique dévalorise (P) agresse (P)
P
PARENT BIENVEILLANT
aide, encourage félicite, apprécie prend en charge à la place de l'autre surprotège (S)
ETAT DU MOI ADULTE
(ordinateur) compare, évalue, analyse, réfléchit, enregistre et communique informations demande
A
ENFANT ADAPTE
s'adapte aux besoins des autres (soumission) s'efface se dévalorise (V) prend systématiquement le contrepied (rebelle)
E
ENFANT LIBRE
exprime spontanément besoins, émotions sentiments
contient: capacité intuitive,source de créativité
ETAT DU MOI ENFANT
(besoins, pulsions, émotions, sentiments)

LE SCHEMA DE MEMORISATION LE PLUS SIMPLE

Les Etats du Moi et les réalités* psychiques

Parents Norf
Les réalités
de la Loi

Parent Bvlnt
Les réalités du Don

Adulte
Les réalités
de la Raison

Enfant
Les réalités
du Corps et du
Coeur

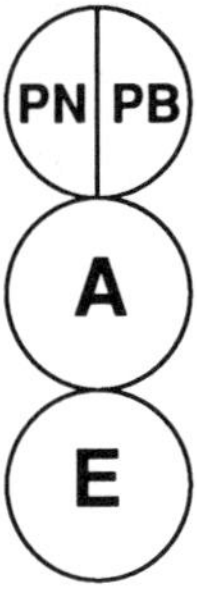

* Réalités positives et négatives

L'égogramme

L'égogramme est une représentation, sous forme d'histogramme, de l'importance relative des Etats du Moi d'une personne. Conçu par J. Dusay, il peut aussi être appliqué à un groupe, une organisation, une nation, à l'humanité...

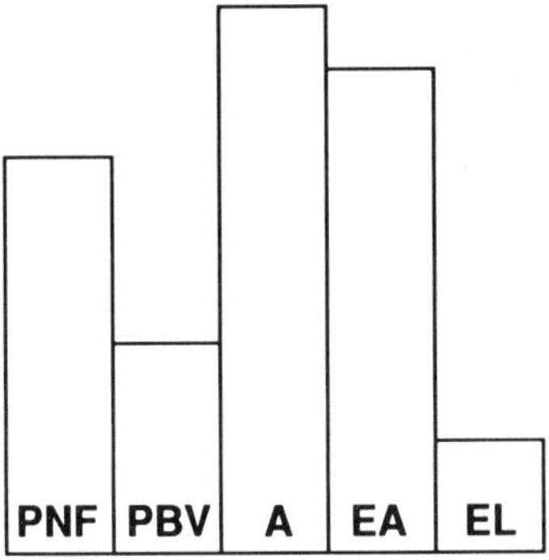

D'où proviennent les Etats du Moi ?

Les 3 Etats du Moi sont formés par :
- l'éducation directe (ce qui est dit, ce qui est émis au petit par les aînés);
- l'éducation indirecte (ce dont le petit est témoin).

• **L'éducation directe**
Les aînés (parents, figures d'autorité, etc.) transmettent des messages au petit.

Ceux-ci concernent des aspects différents de la vie et vont contribuer à la constitution des 3 Etats du Moi du petit.

Cela comprend les messages les plus importants de l'existence :

1. Les messages affectifs (mots et comportements d'amour ou de rejet / émotions partagées avec le petit).
2. Les messages d'appréciation, de jugement concernant le petit (mots et attitudes « Tu es OK » « Tu es important » ou l'inverse).
   Ce sont ces deux types de messages qui donnent à un être humain le sentiment et l'opinion fondamentaux qu'il a de lui-même, sa confiance en lui.
3. Les valeurs, les opinions sur la vie, les autres, la société, sur ce qui se fait ou ne se fait pas.
4. Les « modes d'emploi » de l'existence : comment (s')informer, comment réaliser, comment faire pour... (aussi bien : comment faire pour terminer un travail à temps que comment faire une vaisselle que comment faire pour obtenir un emploi, etc.).

• **L'éducation indirecte**
Dans la famille Adam, le petit Arthur voit son père rentrer du travail la mine déconfite. Lorsque sa femme lui demande de quoi il s'agit, A accuse et gémit « C'est encore à cause de X..., il me cherche des ennuis, je n'arriverai jamais à... »

Dans la famille Bernard, le petit Benoît entend son père qui, en rentrant du travail l'air soucieux, demande à sa femme s'il peut lui parler d'une préoccupation professionnelle. Elle donne son avis. Ensemble ils cherchent une solution. Papa se propose d'essayer une solution. Le lendemain, il déclare que cette solution était bonne.

Ces deux situations décrivent l'essentiel de l'éducation indirecte, celle dont le petit n'est que témoin mais qui va influencer considérablement son attitude vis-à-vis des problèmes.

Personne ne reçoit d'éducation parfaite. Chacun est différent parce qu'il a reçu des messages différents et qu'il a été témoin de comportements différents.

Chacun possède les 3 Etats du Moi

Chacun possède trois Etats du Moi. Voilà pourquoi ses agissements varient tout au long d'une journée, d'une période de sa vie, et tout au long de sa vie. « Le petit tyran » — qui existe dans l'Enfant de chacun de nous — rêve, au moins une fois dans le courant de notre vie, d'une humanité où chacun — les autres — seraient entièrement prévisibles, « connaissables », comme programmés, sans comportements surprise (on saurait, toujours et avec tout le monde, ce que l'autre pense et comment il va réagir!). Les autres n'auraient alors qu'une seule des subdivisions de l'Etat du Moi Enfant : l'Enfant Adapté.

Eric Berne appelait ce petit tyran, le petit fasciste... qui sommeille chez la plupart d'entre nous.

Heureusement la vie n'est pas ainsi.

Heureusement ?

Oui, bien sûr, parce que ce monde serait « Le Meilleur des Mondes » d'A. Huxley, ou « 1984 » de Georges Orwell.

Et que ceux qui ont des difficultés à abandonner le rêve d'être — eux — Big Brother se rappellent qu'il y a sur Terre, six milliards de concurrents potentiels au même titre.

Heureusement, la réalité est tout autre.

C'est ce qui rend la vie plus difficile certes, mais, ô combien plus attrayante, plus excitante, plus riche.

Jusqu'à présent, nous étions 6 milliards d'individus sur Terre ! L'AT nous révèle que nous sommes 6 milliards de Parent Normatif, 6 milliards de Parent Bienveillant, 6 milliards d'Adulte, 6 milliards d'Enfant Adapté, 6 milliards d'Enfant Libre !!! Nous sommes 30 milliards d'Etat du Moi, sur Terre !

Il va *vraiment* falloir apprendre à **communiquer.**

Nous allons maintenant comprendre plus facilement pourquoi Martin se lève en embrassant sa femme (Enfant Libre), embrasse ses enfants (Parent Bienveillant), lit son journal (Adulte), prend place dans sa voiture, s'arrête aux feux rouges (Enfant Adapté), arrive au travail, taille une bavette en critiquant avec ses collègues « ces incapables du gouvernement » (Parent Normatif), se penche sur un dossier et prend une série de décisions (Adulte), prend son déjeuner avec son collègue Pierre avec qui il papote « cinéma » (surtout avec son Parent Normatif), rend visite à un client dans l'après-midi (situation dans laquelle il emploie ses 3 Etats du Moi), et le soir, assiste à un match de football avec des amis (et son Enfant Libre).

Nous allons également mieux comprendre pourquoi Jacques se lève en ronchonnant « Encore une à tirer » (Enfant Adapté), « fait la tête » à sa femme (Enfant Adapté), « engueule » ses enfants (Parent Normatif) parce qu'ils vont — soi-disant — le mettre en retard (Enfant Adapté), arrive au bureau — en retard — se répand en excuses (Enfant Adapté) auprès de son patron, déballe des marchandises avec Jules (Adulte), déjeune avec François en gémissant (Enfant Adapté) sur les incompétences des pouvoirs publics (Parent Normatif), travaille l'après-midi (Adulte), rentre chez lui après une altercation avec un autre automobiliste (avec son Parent Normatif) et passe une bonne partie de la soirée à maudire les programmateurs des chaînes de TV (Parent Normatif).

Ces deux derniers exemples de comportements variés de personnes agissant à partir de leurs différents Etats du Moi (et leurs subdivisions) nous amènent à répéter un point de vue important énoncé par Eric Berne :

Il n'y a pas d'Etat du Moi meilleur que d'autre — tous les trois sont importants (avec leurs subdivisions y comprises).

Les Etats du Moi sont des registres variés et riches de potentialité. Tout au plus peut-on déclarer qu'il semble y avoir dans certaines situations une meilleure adéquation à « être dans » ou à employer un Etat du Moi plutôt qu'un autre.

Quelques exemples :
Les pratiquants de l'AT seront sans doute unanimes à considérer qu'il est souhaitable :
- de faire un travail intellectuel (devoir scolaire, lecture d'un dossier, réflexion avant de conclure un contrat, etc.) avec son Adulte;
- de donner des directives (à de jeunes enfants, à des soldats, à des personnes dans une situation d'urgence) avec son Parent Normatif;
- de prendre en charge les réalités matérielles de jeunes enfants, d'aider, d'encourager, de soutenir les autres avec son Parent Bienveillant;
- de se soumettre aux normes sociales (règlements, règles de politesse) avec son Enfant Adapté;
- de se révolter contre toutes les formes d'injustice avec son Enfant Rebelle;
- d'oser « chercher » des moyens astucieux de résoudre les petits et les grands problèmes de l'existence avec son Petit Professeur;
- d'exprimer spontanément ses vrais sentiments avec son Enfant Libre (dans des attitudes de respect fondamentales des autres);

— d'employer son Etat Adulte pour « négocier » (un mot qui aurait intérêt à gagner la vie quotidienne de chacun) des compromis réalistes face aux petits et grands « accrochages » avec les autres.

De même qu'ils seraient sans doute unanimes à considérer comme peu souhaitable :
— qu'une personne émette presque uniquement des avis sur la vie à partir de son Parent Normatif, ou uniquement à partir de son Adulte;
— qu'une personne prenne beaucoup les besoins des autres en charge avec son Parent Bienveillant;
— qu'une personne se soumette, « s'écrase », se plaigne, gémisse constamment ou souvent avec son Enfant Adapté;
— qu'une personne ne prenne jamais d'initiatives et attende presque toujours que ce soient les autres qui en prennent (Enfant Adapté);
— qu'une personne ne semble réagir que « contre » les autres, à partir de son Enfant Adapté;
— qu'une personne n'ose pas exprimer ses sentiments d'une façon spontanée.

▶ TEST DE COMPRÉHENSION DU CHAPITRE 2

Indiquez pour chaque message de quel Etat du Moi il est émis :

		PN	PB	A	EA	EL
1.	*Ceux-là! Ils se prennent pour de grosses têtes!*					
2.	*Aïe aïe aïe... Toutes ces courses à faire! Y a qu'à moi que ça arrive!*					
3.	*Faites bien attention à son bras, il a été blessé!*					
4.	*Je suis navré qu'il ne vienne pas ce soir.*					
5.	*Depuis combien de temps attendez-vous?*					
6.	*Quand aurez-vous fini ce travail?*					
7.	*Qu'est-ce que vous voulez! On ne peut rien attendre de ces jeunes!*					
8.	*Ne vous en faites pas, je m'en occupe.*					
9.	*Ouais!!! Ils ont gagné!!!*					
10.	*Que voudrais-tu aller voir au cinéma?*					
11.	*Evidemment, quand y a une erreur, c'est pour ma pomme!*					
12.	*Jules est un salaud!*					
13.	*Faites un effort! que diable!*					
14.	*Est-ce que tu sais ce que le chef pense de mon travail? Parce que je ne crois pas qu'il soit fameux!*					
15.	*Les hommes politiques! On ne peut pas leur faire confiance!*					
16.	*Oui, j'aime bien quand tu me caresses comme ça!*					
17.	*Je suis très fâché contre toi!*					

		PN	PB	A	EA	EL
18.	*J'ai peur de ce qu'il va penser de ce travail !*					
19.	*Veux-tu que je conduise un peu ?*					
20.	*L'AT est un système intéressant.*					

REMARQUE

Il est d'usage de représenter les 3 Etats du Moi, tels que nous venons de vous les présenter :

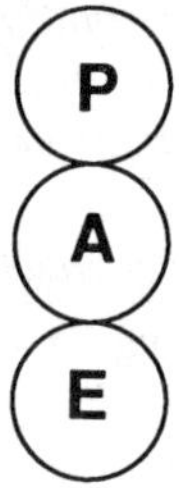

On appelle cette représentation **structure du 1er degré.**

On appelle par contre **structure de 2e degré,** la représentation qui subdivise l'Etat Enfant en Parent dans l'Enfant pour l'Enfant Adapté, en Adulte dans l'Enfant pour le Petit Professeur ou Enfant Intuitif, et Enfant dans l'Enfant pour l'Enfant Libre.

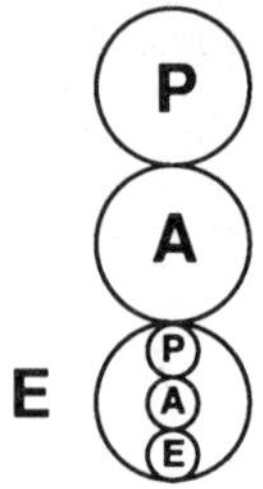

▶ CORRECTION COMMENTEE

1. PN - Il s'agit bien d'un comportement normatif, un jugement.

2. EA - C'est bien une attitude de l'EA que de se sentir victime.

3. PB - Parce que plein d'attention.

4. EL - Etre navré, éprouver un regret, dit d'une façon spontanée.

5. A - Une vraie question. Attention ! Ce n'est qu'une question. Donc, si vous imaginez de la sollicitude bienveillante, c'est que vous imaginez des gestes ou des tons de voix que le message n° 5 ne donne pas.

6. A - Attention ! Si vous entendez un ton de voix inquisiteur ou réprobateur, c'est peut-être que votre Patron vous parle souvent dans son PN !

7. PN - Ce n'est pas une vraie question !

8. PB - « La » phrase de ceux qui sont beaucoup dans leur PB.

9. Quel cri d'EL ! !

10. A - Si vous répondez PB, c'est peut-être que votre partenaire est si rarement dans son PB que vous prenez ses questions d'information pour de la bienveillance.

11. La « fatalité » de la pauvre Victime ! EA.

12. PN - Un solide jugement. Une insulte.

13. PN - Il s'agit d'une directive.

14. EA - Voilà encore cet être gémissant !

15. PN - Un jugement... fréquent peut-être, mais ce n'est pas la réalité absolue qui aurait justifié un A.

16. Ah la belle expression spontanée. EL.

17. Idem, mais à propos de la colère cette fois ! EL.

18. Idem, peur. EL. Attention, la réponse EA impliquerait une attitude Victime.

19. PB

20. A, bien sûr.

Et nous laissons votre Adulte apprécier vos résultats.
Et si vous avez intérêt à relire ce chapitre.
C'est cela l'autonomie !

PRÉCISIONS POUR CEUX QUI VEULENT EN SAVOIR PLUS

Eric Berne était un homme honnête. Dès ses premières publications, il indique clairement que la psychanalyse le laisse sur sa faim, notamment en ce qui concerne le traitement des troubles psychiques graves, les psychoses*. Les milieux académiques et psycho-médicaux ne voient pas d'un œil très favorable ce « bricoleur », cet « inventeur » d'une nouvelle école de psychothérapie et de développement.

Eric Berne va donc insister sur cette précision : les Etats du Moi ne sont pas superposables aux trois instances « classiques » découvertes par Freud : le Sur-Moi, le Moi et le Ça.

Berne va répéter que l'intérêt de sa présentation du Moi repose sur le caractère observable — chez chacun — du Parent, de l'Adulte et de l'Enfant.

Son objectif semble moins être de polémiquer et de créer une théorie alternative que d'offrir un matériau pratique, propice à la guérison et au développement de ses patients.

Eric Berne était un homme sociable.

Et un humaniste. Désireux de partager avec ses collègues, l'objet de ses découvertes, il organisa très rapidement des rencontres où tous les « soignants » de l'âme humaine étaient invités à discuter ses méthodes.

Il est important de préciser que ce sont, pour beaucoup, ces rencontres qui ont forgé un noyau de rayonnement. Lequel a contribué à faire connaître l'AT dans le monde, telle qu'elle est aujourd'hui connue.

* En ce qui concerne le traitement des psychoses par l'AT, voir les travaux remarquables de Jacqui Schiff, dans « Ils sont devenus mes enfants », Interéditions, 1985.

POUR CEUX QUI VEULENT DISCUTER DAVANTAGE

Nous avons, au cours de ce chapitre, comparé plusieurs fois l'évolution de l'humanité – à travers son histoire – au développement d'un individu.

Nous ne sommes pas les premiers à le faire*.

On peut en effet parler d'un stade de naissance de l'humanité où les êtres humains, encore proches de l'animalité, vivent (tous) au niveau de leur Etat Enfant (recherche de la satisfaction des besoins de l'Enfant Libre et développement de l'Enfant Adapté, contraint et forcé à l'acceptation des lois de la nature). Ceux que, dans leur ignorance, les humains vont, durant des millénaires, appeler des « chefs-nés » (voir à ce sujet le chapitre consacré au mythe des chefs-nés dans l'excellent livre de René Delattre « Mobilisez vos collaborateurs » Marabout-Service, n° 1820 collection « Performance ») sont les « petits malins » qui, à partir de leur Petit Professeur, « pigent » que le rôle de chef est à inventer. Et ils l'inventent. A coup de « droit divin » et de préceptes Parent, ils vont tenter de maintenir l'humanité dans une rivalité de classes où eux – les chefs – vont édicter des lois, des morales visant à maintenir dans leur Enfant Adapté la majorité des hommes.

De cette longue nuit noire de l'humanité, nous ne sommes peut-être pas encore tout à fait sortis.

Certains nostalgiques des Ordres de tous types sembleraient encore vouloir prolonger l'histoire dans cette dualité, simple et qu'*ils* trouvent *efficace* (à condition, pour eux, de rester du côté des Seigneurs) : une société où les uns sont toujours dans leur Parent Normatif – et vraiment très rarement dans leur Parent Bienveillant – et les autres dans leur Enfant Adapté.

A noter, cependant, que dans une certaine mesure, on peut affirmer qu'une très grande majorité des humains cautionnent ce système social pendant des siècles. Jusqu'au début de ce XXe siècle, la plupart des humains approuvent un système social dans lequel la plupart n'utilisent que leur Enfant Adapté – avec une très petite utilisation de leur Adulte – se laissant guider (et réclamant souvent ces guides) par d'autres humains qui, eux, utilisent un peu leur Adulte – pour analyser les situations – et beaucoup leur Parent Normatif, pour transformer en « ordres indiscutables » les résultats des assez faibles cogitations de leurs Adultes.

---

* A ce sujet, voir l'ouvrage de V. Leenhardt – voir Bibliographie.

En fait, l'Adulte fait déjà son apparition dans l'Antiquité, chez les Egyptiens anciens (il en fallait pour édifier les pyramides!). Son développement se poursuit avec les penseurs grecs, puis romains. Ce n'est pas pour rien que le Moyen Age est aussi appelé « âge de l'obscurité ». Il faut attendre le « Siècle des Lumières » pour le voir resurgir. Les révolutions sociales vont — timidement — permettre aux défavorisés par l'Ordre Ancien de commencer à utiliser davantage l'ensemble de leurs talents, l'ensemble des potentialités de leur personnalité, l'ensemble de leurs Etats du Moi.

Aujourd'hui, on peut dire qu'il y a plus d'Adulte à l'œuvre dans le Monde.

Il est cependant une étape que l'humanité doit encore franchir : celle de la maturité — qui se caractérise par l'alliance de l'Adulte et l'Enfant.

Un état que connaissent, depuis des siècles, les exceptions aux systèmes : ceux qu'à juste titre on appelle les Sages.

3

LE WESTERN QUI N'EXISTE PAS

Le soleil se lève sur Westrock, petite bourgade en plein désert Mojave, dans le Sud de la Californie.

La caméra balaye les façades des maisons de bois.

Puis, s'attarde sur une habitante de Westrock. Elle s'est levée tôt pour faire ses emplettes à l'épicerie locale. La caméra la suit. Gros plan sur le panonceau « Grocery » suivi de plans sur les bacs à fruits.

Premier dialogue :

« Elles sont belles, ces pommes, n'est-ce-pas, Madame Whitehall ? »

« Très belles, Monsieur Griffith. Où vous les êtes-vous procurées ? »

« Je les ai achetées à Sunderland d'un convoi venant de l'Oregon. Elles n'ont été que quatre jours dans le sel. Il vous suffira de les passer à l'eau claire pendant un petit quart d'heure pour qu'elles retrouvent leur goût premier. »

« Très bien, donnez-m'en un kilo. »

« Tout de suite, Madame Whitehall. »

« Tiens, bonjour Madame Whitehall ! » fait une nouvelle venue dans l'épicerie, Madame Ruthford.

« Madame Ruthford, quelle surprise ! répond Madame Whitehall. *Comment allez-vous ? »*

« Très bien. répond cette dernière. *Et vous-même ?*

« Mon mari, Monsieur Ruthford, a eu un petit catarrhe cet hiver, mais notre fils William ne l'a pas attrapé. »

« Eh bien tant mieux, surtout que maintenant que nous allons vers le printemps...

La caméra passe alors sur un chien, un pointer, qui se prélasse au soleil.

« Mais je vois que « Soleil sur Westrock » se poursuit dans une même série de plans; discussions au saloon entre chasseurs et pêcheurs sur leurs prises; rencontre entre le pasteur et le shérif; vues sur des ménagères se rendant au lavoir; vues sur la sortie des classes à l'école de la bourgade; vues sur des fermiers au travail, coucher de soleil... Mais ce n'est pas un western ? »

« Non ? C'est quoi alors ? Le désert Mojave, n'est-ce pas le Far West ? »

« Mais ce scénario est celui d'un film documentaire... Et alors, il faut revoir son titre... « Vie quotidienne au Far West au milieu du XIXe siècle. » Mais ce n'est pas un western... »

Que signifie ce dialogue entre le producteur et le réalisateur de « Soleil sur Westrock » ?

Que très certainement ce film ne se fera pas.

Et pourquoi ?

Parce que, visiblement, il manque quelque chose à ce scénario pour en faire ce qu'on appelle un western.

Que manque-t-il ?

Réponse : ce qu'on appelle de l'action.

Et de l'action, ce serait quoi ?

Et bien, l'arrivée d'un méchant à Westrock, par exemple.

Un hors-la-loi qui viendrait de l'Est et qui s'en prendrait à la fille d'un fermier et menacerait de s'attaquer au coffre de la banque.

Le shérif, homme d'âge avancé, n'oserait défier le hors-la-loi et télégraphierait, en catastrophe, à San Francisco, pour demander du renfort. Lequel ne pourrait parvenir avant une semaine, laissant Westrock dans l'effroi et la terreur.

Les habitants de la petite ville se réuniraient bien un soir pour tenter de faire face à Jessie Blockman — puisque tel était le nom du hors-la-loi qui faisait régner la terreur à Westrock.

Jusqu'au jour où, passant par là, Gary Coop ou Clint Eastpark, ou Florro, arrive et, tel un Sauveur, délivre et la petite ville, et la fille du fermier (qui tombe amoureuse au seul vu de son pistolet).

Quelques séquences du premier scénario peuvent alors prendre place. Mais pas trop.

Une ou deux pour permettre l'arrivée des troupes de secours et « la fin » sur l'écran.

Il faut donc, pour que palpite le cœur du spectateur, un méchant, des persécutés, et, surtout, un sauveur.

Pour faire un western.

Ou un roman, une pièce de théâtre, une comédie ou un opéra.

C'est-à-dire dans tout ce qui peut se jouer, se lire, se voir, se raconter.

Et ce, depuis la nuit des temps.

Tout ce que nous avons pu lire, écouter, regarder depuis toujours et qui met en scène des êtres humains est bâti sur cette dynamique.

Un méchant — ou un bourreau — s'attaque à une victime — un persécuté — et cela dure.

Et peut durer toute une vie. Sauf si arrive un bon — un gentil — un sauveur.

Rien n'échappe à ce programme.

Personne n'y échappe, dans nos systèmes éducatifs.

Racontez une histoire où tout va bien et vous verrez. Ou essayez seulement d'en construire une. Vous verrez comment, immanquablement, la perspective de la raconter à une autre personne vous amènera, peut-être inconsciemment, à y introduire un personnage « agressant » — ne fût-ce que très légèrement.

Ce doit être ce qui explique l'origine de l'adage connu : les gens heureux n'ont pas d'histoire.

Car, impossible d'imaginer le moindre récit sans la présence d'au moins une personne qui persécute, qui agresse, qui dévalorise une autre.

Et cela influence, d'une manière tout à fait fondamentale, la vie de chacun d'entre nous.

Même ceux qui ne lisent pas, qui ne vont ni au théâtre, ni au cinéma, ne peuvent grandir sans voir ou entendre leurs proches raconter des faits de vie d'où seraient exclus ces deux ou trois rôles.

La vie est donc pleine de drames, de tensions dramatiques. Petites ou grandes. Car, ne nous y trompons pas, même si les mots « bourreau » et « victime » sonnent un peu fort pour parler des petites dissensions, des petites disputes de la vie quotidienne, il est important de comprendre que toutes prennent place sur cet axe dynamique qui mène le monde : l'axe persécuteur — persécuté, avec — souvent, dès qu'il y a un tiers — l'intervention d'un sauveteur.

Les psychologues savent bien qu'il y a une « présence » sadique — donc agressive — dans une petite phrase telle que : « Tu n'es quand même pas très malin ! » d'une nature psychologique identique à celle contenue dans le message : « Triple Idiot ! » prononcé sur un ton très critique.

De même — qu'en face — il y a une « présence » masochiste dans l'attitude d'une personne qui ne répond pas à ces messages dévalorisants et qui « encaisse » sans rien émettre.

Eric Berne a écrit qu'une grande majorité des humains passent une très grande partie de leur temps dans ces trois comportements, ces trois rôles :

— **Persécuteur** (ou Bourreau)
— **Victime** (ou Persécuté)
— **Sauveteur**

C'est bien compréhensible puisque ce sont les manières les plus répandues dont les humains se montrent en spectacle. En spectacle voulu, organisé comme le sont les contes, récits, littératures, pièces de théâtre, films, etc.

Mais, surtout, en spectacle — non organisé comme tel — comme l'est la vie depuis des millénaires (vie familiale, communautaire, professionnelle, politique, historique).

Il est une querelle entre psychologues, biologistes, philosophes et, même, théologiens, dans laquelle nous ne rentrerons pas : celle de la « nature » — bonne et/ou mauvaise — de l'homme.

Retenons simplement qu'il peut se dégager aujourd'hui de l'ensemble de ces sciences humaines, des considérations selon lesquelles il semble bien exister chez l'homme un ensemble de pulsions qui sont en rapport avec ses origines animales — et sont, dès lors, éminemment **fonctionnelles** (système de défense, « instinct maternel »*, instinct de conservation de soi-même et de l'espèce) — et qui, « entremêlées » avec les apprentissages culturels, vont fonder des comportements que l'on qualifiera de comportements agressifs.

L'homme n'aurait donc qu'un fondement agressif originellement naturel. Mais là où la question devient intéressante pour les philosophes (et les théologiens ?), c'est que l'émergence progressive de la raison — pour les philosophes — et/ou de la grâce — pour les théologiens — dans l'histoire de l'humanité apparaît comme une possibilité supplémentaire de choix — et quel choix ! — celui de **maîtriser** (dans le sens le plus large et le plus noble du terme, voir note en fin de chapitre) et de sublimer ses pulsions agressives.

Les trois rôles mis en évidence par l'AT (Persécuteur, Victime, Sauveteur) se « gravent » dans nos Etats du Moi.

- Le rôle Persécuteur est donc une forme excessive du Parent Normatif dans sa fonction Critique ou Dévalorisante.

- Le rôle Victime est une forme excessive de l'Enfant Adapté, dans la mesure où il s'agit bien (et les gens qui

* Certains ne manqueront pas de frissonner en voyant l'instinct maternel réduit à l'état de pulsion fonctionnelle. C'est qu'il s'agit bien uniquement de l'instinct — et non du sentiment d'amour — lequel ne comprend que les **fonctions** de protection et de nutrition.

sont souvent dans ce rôle ont une difficulté particulière à comprendre cela !) d'une forme de Dévalorisation de soi-même.

• Le rôle Sauveteur est une forme excessive (ce que les gens facilement dans ce rôle ont également difficile à comprendre !) du Parent Bienveillant (*Parent Nourricier*) dans la mesure où il s'agit de sur-protection, de sur-bienveillance, c'est-à-dire précisément la mesure qui empêche une personne de se prendre en charge elle-même, ou d'apprendre à se prendre en charge.

Nous avons conscience que les révélations faites dans ce chapitre sont particulièrement bouleversantes.

Mais, rappelez-vous : ces trois rôles sont tellement répandus dans la société des hommes que ceux-ci en ont fait la base de **tous** leurs contes, récits, romans, pièces de théâtre et films.

L'AT n'a pas non plus un projet moral pour les hommes de notre temps. Il ne s'agit donc pas, de la part de ceux qui l'utilisent comme outil d'évolution personnelle ou d'évolution de groupe, d'en faire un instrument de jugement moral supplémentaire.

Tout au plus se propose-t-elle de mettre certaines réalités psychologiques en évidence, et surtout, à la portée d'un plus grand nombre, de manière à permettre à tout un chacun de se construire sa propre morale en confrontant ses propres considérations avec les valeurs Parent que les humains se transmettent depuis des générations.

Nos Etats du Moi contiennent donc aussi des comportements, animés par des pulsions, que l'AT nomme Persécuteur, Victime et Sauveteur.

Voilà pourquoi vous ne verrez jamais « Soleil sur Westrock », ni sur Nitchequon, ni sur Ophain.

Les gens heureux risquent d'attendre encore quelques siècles avant de voir leur histoire contée...

TEST DE COMPRÉHENSION DU CHAPITRE 3

Dans quel rôle dramatique (Persécuteur, Sauveteur, Victime) se trouvent les personnes décrites dans les scènes ci-dessous?

		P	S	V
1.	*Jean dit : « Martine, tu as encore déréglé la télé !!! Espèce d'idiote !!! »*			
2.	*Roger dit : « Mais j'ai fait ça uniquement pour t'aider. »*			
3.	*Annie dit : « Bien que j'en aie déjà beaucoup à traiter, donnez-moi également ce dossier. »*			
4.	*Devant des assauts sexuels répétés, Jacqueline dit : « Arrête Marc, tu ne penses qu'à ça ! »*			
5.	*Bien que sa soirée soit déjà prise, Philippe répond à la demande d'aide de Joëlle : « D'accord, amène-toi, je m'arrangerai ! »*			
6.	*Pierre répond : « Comment voulez-vous que j'y arrive, je n'ai jamais étudié la mécanique ! »*			
7.	*A son fils de dix ans, Lucien dit : « Viens, je vais lacer tes chaussures. »*			
8.	*Martine dit : « Jean, tu as fait l'imbécile toute cette soirée chez les Delcroix ! »*			
9.	*Fabienne dit : « Pourquoi est-ce toujours à moi que ça arrive ? »*			
10.	*Lucienne, qui n'a pas encore pris de part de gâteau, présente la dernière et dit : « Sers-toi, François, ce n'est pas grave ! »*			

CORRECTION COMMENTÉE

1. Persécuteur.
2. Victime, sûrement après avoir été Sauveteur.
3. Sauveteur
4. Persécuteur
5. Sauveteur
6. Victime — Moi, pauvre de moi, je n'ai même pas étudié la mécanique et vous me demandez ça !
7. Sauveteur. A dix ans !
8. Persécuteur.
9. Victime.
10. Sauveteur, qui finira bien sûr par se retrouver en Victime et prononcera sans doute alors la même phrase que Fabienne en 9.

Ces exclamations sont P, S, V parce qu'elles expriment davantage que quelqu'un n'est pas OK, plutôt qu'elles ne sont l'expression de sentiments, d'informations ou la proposition de solutions.

POUR CEUX QUI VEULENT EN SAVOIR DAVANTAGE

Nous avons bien dit que l'AT se prêtait à un abord plus facile que la plupart des données psychologiques classiques. Nous ne dirons jamais que la prise en considération des conséquences de cette compréhension soit plus facile à réaliser qu'à partir de tout autre outil psychologique.

L'AT est sans doute l'outil permettant le plus facilement de **comprendre** un « certain » pourquoi du comportement de nos proches et de nous-mêmes. Mais, comprendre l'origine ou le pourquoi d'un comportement non désirable (ou que l'on souhaite faire évoluer) ne suffit pas à le modifier. Cependant, les origines thérapeutiques de l'AT et le sens très pragmatique de ses concepteurs américains, lui ont permis d'édifier des stratégies concrètes (souvent très surprenantes pour des esprits européens) qui, **si on choisit de les appliquer**, font des merveilles dans l'évolution de nos difficultés relationnelles.

4

COMMENT COMMUNIQUE-T-ON AVEC LES AUTRES

A QUELLES TRANSACTIONS INVITONS-NOUS LES AUTRES? A QUELLES TRANSACTIONS SOMMES-NOUS INVITÉS?

Que se passe-t-il quand une personne (avec ses 3 Etats du Moi) en rencontre une autre?

Toutes sortes de choses.

Bon. Ça, nous le savons depuis longtemps.

L'AT (dont on va découvrir ici l'origine de l'appellation) dit : ils échangent des **transactions**.

L'AT appelle en effet transaction tout échange verbal (c'est-à-dire parlé) ou non entre les Etats du Moi de deux personnes.

Quelques exemples :

— Quelle heure est-il?

— Quinze heures dix.

est un exemple d'échange — nous ne dirons désormais plus que transaction entre les Etats du Moi Adulte de deux personnes.

Tout comme :

— Quels incapables, ces politiciens!

— Ouais! Vous avez vu comment ils ont réglé le problème des...

est une transaction entre les Etats du Moi Parent Normatif dans leur fonction Critique de deux personnes.

Et comme :
– J'ai envie d'aller me promener.
– Moi aussi, allons-y.
est une transaction entre les Etats du Moi Enfant de deux personnes.

Quand on enseigne l'AT, il existe certaines conventions pour représenter les transactions.

On procède généralement comme suit :

TRANSACTION ADULTE-ADULTE

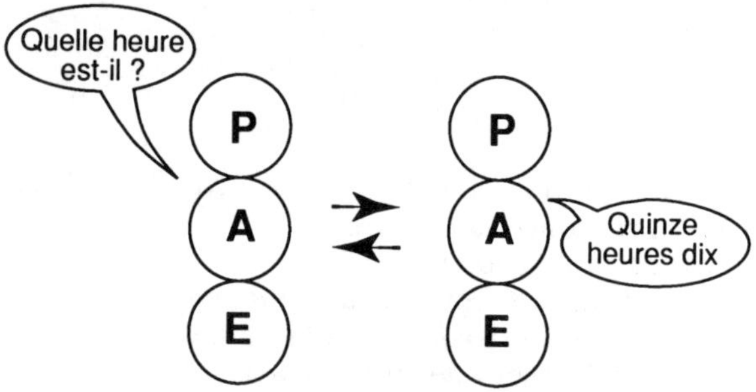

TRANSACTION ENFANT-ENFANT

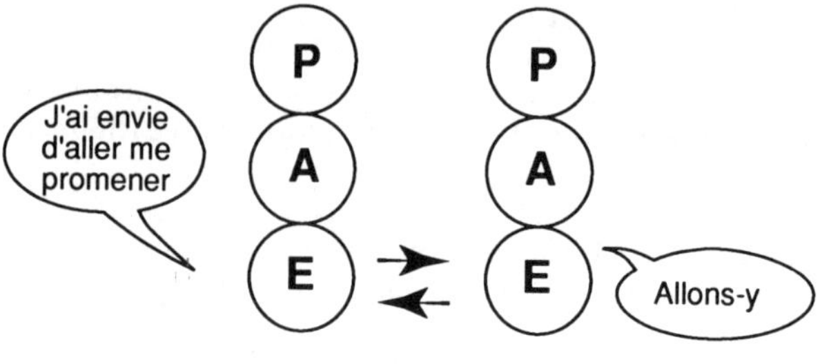

TRANSACTION PARENT-PARENT

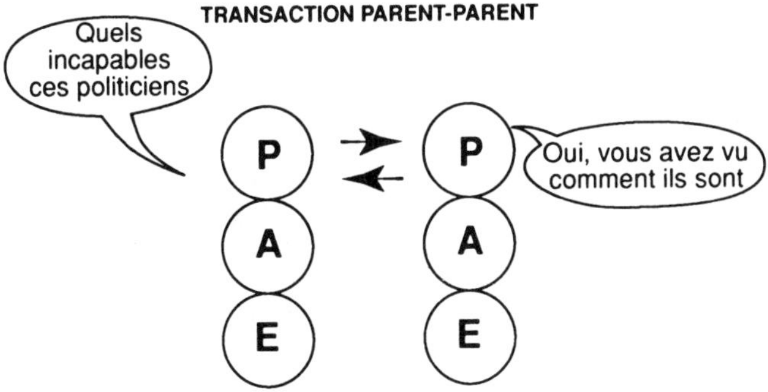

TRANSACTION ENFANT-PARENT

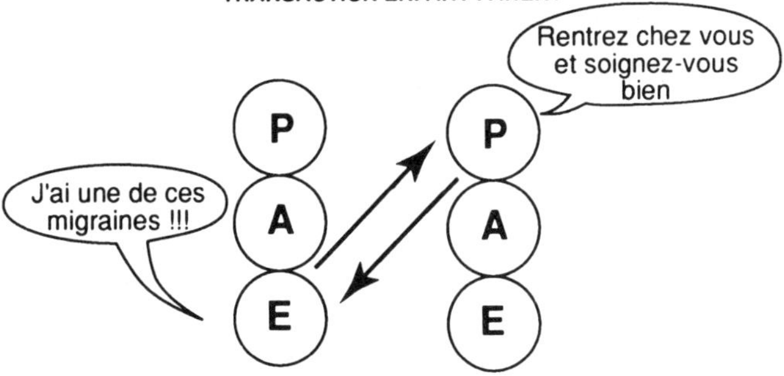

TRANSACTION PARENT-ENFANT
PARENT-ENFANT

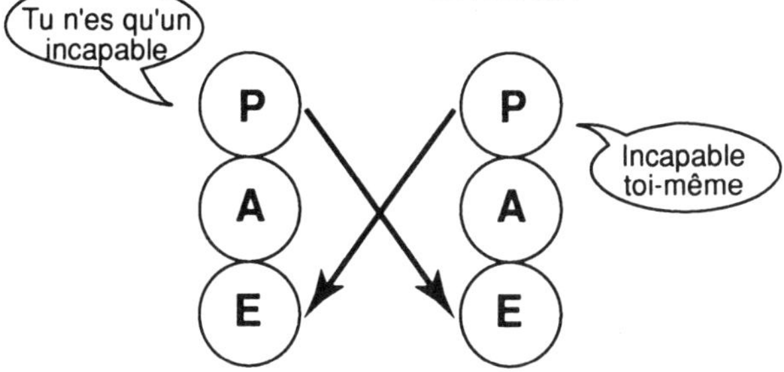

• **Les transactions parallèles et croisées** sont **directes** et **peu ambiguës.**

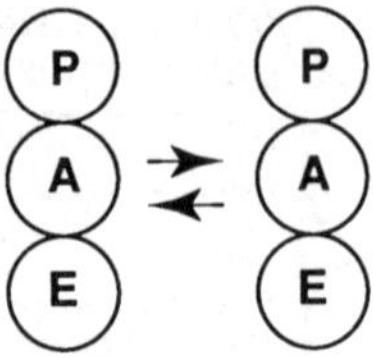

1re personne :
— Quel jour sommes-nous ?
2e personne :
— Le 21 juillet.

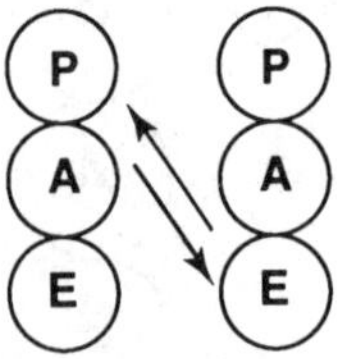

1re personne :
— Viens ici !
2e personne :
— D'accord.

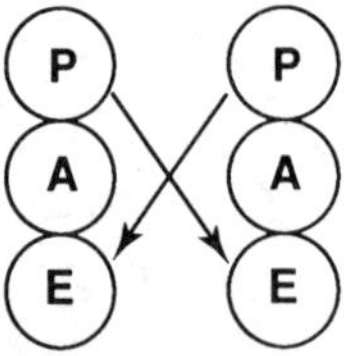

1re personne :
— Tu as mal fait ce travail.
2e personne :
— Tu aurais pu m'aider.

• **Les transactions à double fond** est le nom donné aux transactions **floues** et **ambiguës** (qu'on appelle dans la vie courante **sous-entendus**) dans lesquelles existe un décalage entre ce qui est dit ouvertement (ce qu'entendrait ou verrait un observateur extérieur, et que l'AT appelle le **niveau social** de la transaction) et ce qui est « compris » comme message réel (ce qui compte pour les deux interlocuteurs — ou trois, quatre ou davantage) (que l'AT appelle **niveau psychologique**). Ce type de transaction est à la base d'un type très fréquent de comportement entre individus (que l'AT nomme « jeu psychologique » — voir chap. 6 — Structuration du Temps).

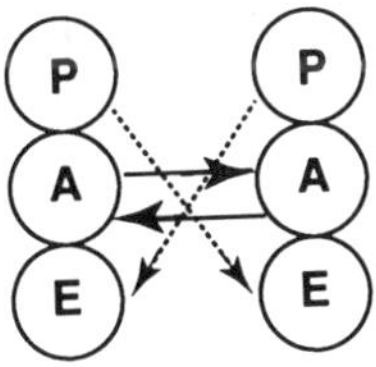

Niveau social : 1re personne : « Je crains que ce soit trop cher pour vous » ou : « Voulez-vous voir ma collection de disques ? »
2e personne : « Je vais tout de même le prendre » ou : « Avec plaisir, j'adore la musique. »

Niveau psychologique : 1re personne : « T'as l'air bien trop fauché pour te payer ça ! » ou : « Viens flirter chez moi ! »
2e personne : « Qu'est-ce qu'il croit celui-là ! » ou : « D'accord. Moi aussi, j'en ai envie. »

Celui qui enseigne l'AT — on le fait dans certaines écoles, dans des organisations, dans des centres de formation et d'évolution — se voit très vite confronté à la question : « Y a-t-il des transactions meilleures que d'autres ? »

La réponse théorique est qu'il n'y a pas de transactions meilleures en soi que d'autres.

Dans la réalité, il faut cependant constater qu'il faut, par contre, bien dire que certaines **transactions** se révèlent plus **adéquates** que d'autres :

La réponse Parent Bienveillant : « Viens dans mes bras, mon petit chou ! », à la chute d'un petit qui s'est écorché, est incontestablement plus adéquate que l'explication donnée par l'Etat du Moi Adulte : « Il s'agit bien d'une excoriation, donc une faible plaie au niveau de la peau. »

Si, par contre, la même phrase était prononcée sur un ton sec et ironique — comme aurait pu la prononcer la marâtre Folcoche dans « Vipère au poing » —, c'est évidemment au Parent Normatif Persécuteur qu'il aurait fallu imputer cette réponse.

De même, répondre avec son Parent Normatif Persécuteur : « Imbécile toi-même ! » à quelqu'un qui vient de nous insulter est plus susceptible d'envenimer la situation que l'une des nombreuses alternatives Adulte possibles : « Je constate que tu as l'air fâché. »

Ici, j'en vois qui se rebiffent.

Et je leur fournis un alibi tout fait pour abandonner leur lecture : « Quoi, ce serait ça, l'AT ? Un machin où — finalement — on nous dit les mêmes bondieuseries que dans le plus arriéré des catéchismes de province ? Soyez gentils avec les autres ! Et même, tendez l'autre joue ! »

Nous pensons que si vraiment **dresser un constat** de l'état de colère de son interlocuteur (c'est bien ce qui se passe dans un message comme : « Je constate que tu as l'air fâché ») est assimilé dans votre esprit à la pire des baisses de pantalon qui soit, il faut impérativement que vous arrêtiez la lecture de cet ouvrage, que vous vous précipitiez dans votre cuisine pour y prendre un rouleau de papier aluminium, que vous emballiez ce livre précautionneusement, que vous alliez l'enterrer dans le fond de votre jardin. On ne sait jamais! Notre espoir est qu'après un « certain temps » l'idée ait fait son chemin et que vous décidiez de poursuivre votre lecture!!!

En quoi aurait alors consisté ce mûrissement?

En ce que, vous aussi, vous enfin, vous auriez compris qu'il était — **finalement** — préférable de renoncer à cette conduite humaine qui engendre les guerres depuis la nuit des temps : la loi du talion « Œil pour œil... » Guerres de couples, de familles, de collègues, de peuples.

D'autant plus que si vous continuez votre lecture, vous découvrirez au chapitre 2 de la IIe partie que cette façon d'utiliser son Adulte pour dédramatiser une situation peut très bien n'être que la première étape de la stratégie que vous, vous construirez par la suite.

Nous en étions donc à la constatation des différents effets que produisent différentes transactions.

Si donc, d'une manière théorique, la gamme des transactions est pratiquement infinie, on peut cependant donner les quelques indications suivantes.

Tout d'abord, ce que l'AT appelle les **règles de communication.**

A savoir :

1. Les transactions parallèles peuvent, en principe, se poursuivre indéfiniment.

Tandis que :

2. Les transactions croisées débouchent sur une rupture.

Transactions positives et négatives

Compte tenu des subdivisions des Etats du Moi Parent et Enfant, le nombre possible de transactions est théoriquement très élevé. 90 % des relations sont cependant représentées par 7 types de transactions.

Les 4 premiers types de transactions permettent la Communication OK-OK (heureuse et/ou efficace). Les 3 derniers sont sources de difficultés entre humains.

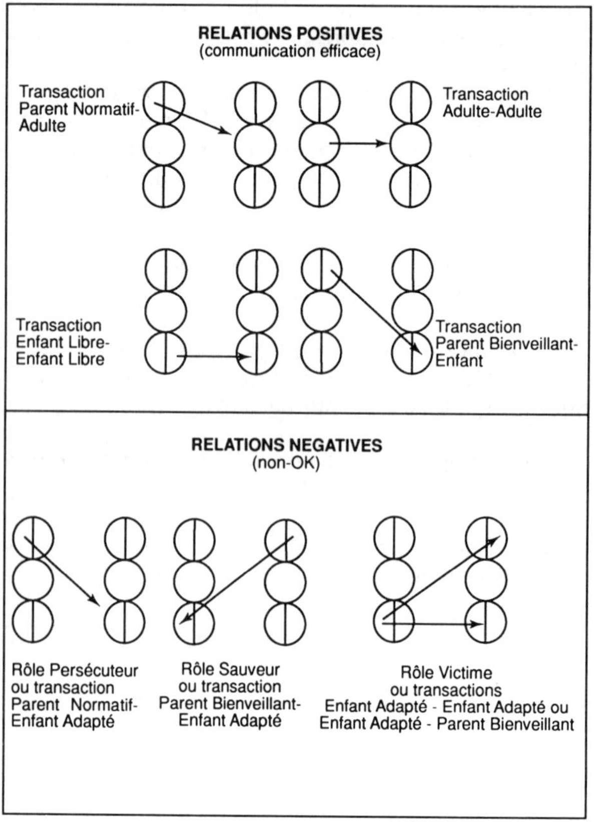

TEST DE COMPRÉHENSION DU CHAPITRE 4

Dessinez les flèches représentant les transactions suivantes :

1.

Pierre : Où se trouve le bureau de comptabilité ?
Jeanne : Au deuxième étage, en face de l'ascenseur.

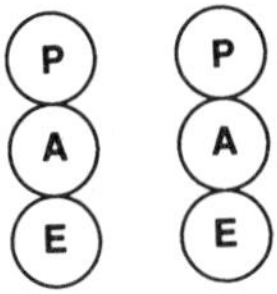

2.

Annette : J'ai envie d'aller au cinéma.
Michèle : Moi aussi.

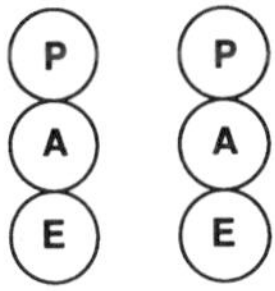

3.

Albert : Ces comptables, tous les mêmes !
Philippe : Ouais, pas fichus de faire...

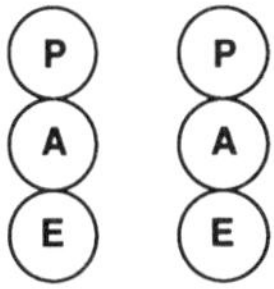

4.

Monique : Espèce d'imbécile !
Roger : Imbécile, toi-même !

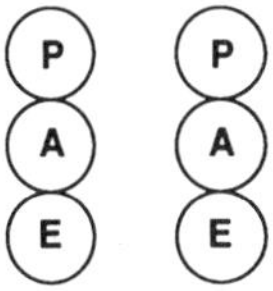

5.

Marcel : Mettez ce casque sur le chantier !
Gaston : Oui, chef !

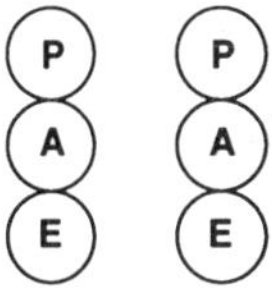

6.

Paul : Je n'y arrive pas.
Robert : Attends, je vais te montrer.

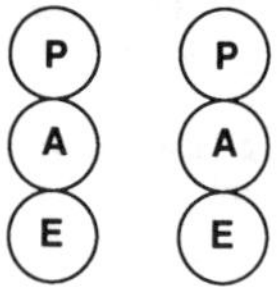

7.

Michel : Zut, je me suis encore trompé !
Louis : Espèce d'idiot !

8.

Jean-Marc : Comment peut-on faire pour…
Antoine : Si on faisait comme ça.

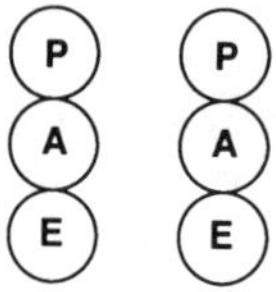

9.

René : Je t'aime.
Françoise : Je t'aime.

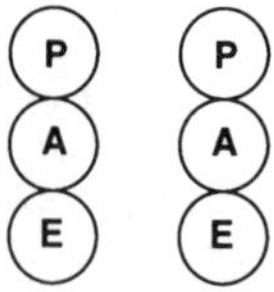

10.

Marc : Tu viens écouter mes nouveaux disques ?
Anne : Non, j'ai un rendez-vous ce soir.

POUR CEUX QUI VEULENT EN SAVOIR PLUS

Il n'y a pas de rubrique « Pour ceux qui veulent en savoir plus » après ce chapitre, l'analyse des transactions – ou Analyse Transactionnelle (AT) – étant le sujet de tout cet ouvrage.

CORRECTION COMMENTÉE

1. Adulte-Adulte

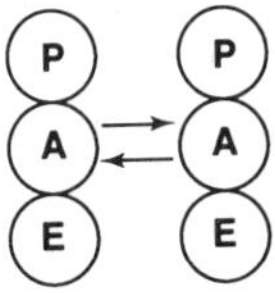

pcq échange d'informations

2. Enfant-Enfant

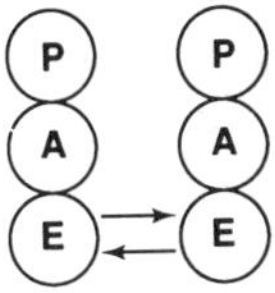

pcq échange de désirs spontanés

3. Parent-Parent

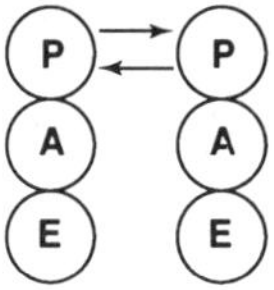

pcq échange de jugements

4. 1re : Parent-Enfant

2e : Parent-Enfant

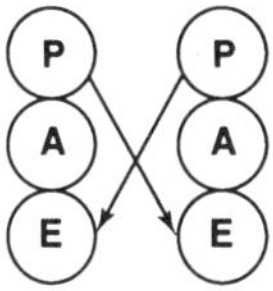

pcq échange d'injures « normatives » destinées à l'Enfant de l'autre — schéma typique de la dispute

5. Parent Normatif-Enfant

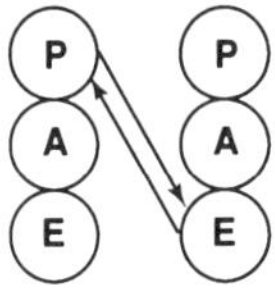

6.

Enfant-Parent
Bienveillant

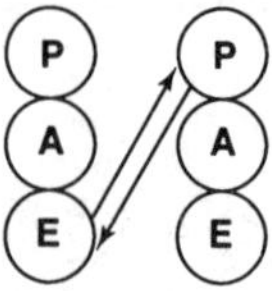

7.

Enfant-Parent
Normatif

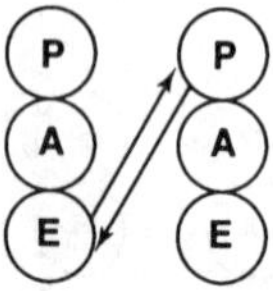

8.

1re Adulte-Adulte
2e Enfant Intuitif-Adulte

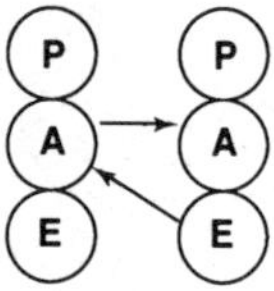

pcq c'est une réponse de la « partie créative »

9.

Enfant-Enfant

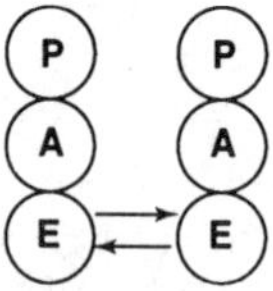

10.

Au niveau social Adulte-Adulte
Au niveau psychologique Enfant-Enfant

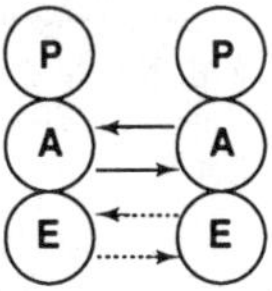

Marc (niv. social) : Tu viens écouter mes nouveaux disques ?
(niv. psychol.) : J'ai envie d'être seul avec toi.
Anne (niv. social) : Non, j'ai un rendez-vous ce soir.
(niv. psychol.) : Je préfère cela avec quelqu'un d'autre.

5

« VOUS REPRENDREZ BIEN ENCORE UN PEU DE STROKES ? »

OU LA DÉCOUVERTE DES CALORIES PSYCHOLOGIQUES

Bien que peu de gens le sachent, fort rares sont ceux qui refuseraient de reprendre des strokes au dessert des rencontres humaines.

Que sont ces choses au nom bizarre ?

Voici comment la plupart des initiateurs expliquent la chose dans un 101 (dites One-O-One, vous ferez « initié »), le stage de découverte en AT.

« Vous savez qu'il se fait des expériences sur le comportement des rats qui nous renseignent sur le comportement humain, évitant ainsi de pratiquer ce genre d'expérience sur des humains. L'expérience suivante est devenue aujourd'hui une grande classique.

On élève trois groupes de rats de manières différentes. Sauf en ce qui concerne la qualité de la nourriture et du logement où, là, les conditions sont identiques.

Avec le premier groupe — appelons-le Groupe A — on se montre « gentil », « aimable », on caresse les rats au moment de les nourrir, et même... on leur « parle ».

Avec les rats du deuxième groupe — Groupe B — on fait le contraire. On se montre « méchant », agressif au moment de les nourrir, on leur donne même des coups.

Quant au troisième groupe — le Groupe C — on les nourrit automatiquement par un distributeur de nourriture. On évite d'avoir toute forme de contact avec eux.

Après quelque temps, on constate d'importantes différences de l'état de santé des rats. »

Je ne sais pas si, dans le guide d'accompagnement d'un stage 101, il est indiqué de marquer un temps d'arrêt dans l'exposé, mais c'est ce que font les animateurs de ce genre de stage... et que j'ai moi-même, spontanément, fait chaque fois que j'ai expliqué le mécanisme des strokes à des groupes de personnes.

En effet, s'il n'est pas surprenant d'apprendre que les trois groupes de rats se retrouvent dans des états de santé différents parce qu'on s'est comporté différemment avec eux en les nourrissant, tout le monde ne réagit pas de la même manière lorsqu'on pose la question :

« Selon vous, quel est le groupe de rats qui se porte le mieux ? A, B ou C ? »

Ici, pas d'hésitation. Tout le monde répond : « Le Groupe A. »

Et l'animateur peut enchaîner : « C'est bien exact. Ce sont les rats du Groupe A qui, après quelques mois, manifestent le meilleur état de santé. Et dites-moi alors quel est le groupe qui va le plus mal ? Dont l'état de santé est le moins bon ? »

Cette question ne donne pas une réponse aussi spontanée, aussi sûre.

« Le Groupe B », disent certains.

« Le Groupe C », répondent d'autres.

Et vous-même, cher lecteur, que répondez-vous ?

Le fait de « trouver » la bonne réponse n'est pas indicatrice d'un plus ou moins bon niveau de connaissance, puisque la chose n'a encore que fort peu été enseignée jusqu'à présent.

Tout au plus peut-on attribuer à ceux qui donnent la bonne réponse — à savoir le groupe C — le mérite d'être d'assez bons observateurs de la chose psychologique, ou d'oser faire confiance à la capacité d'intuition de leur Enfant Libre.

En effet, ce sont bel et bien les rats du Groupe C qui, après quelques mois d'expérience, se portent le plus mal, dont l'état de santé est le plus défaillant.

Pourquoi ?

Parce que — sans doute pour tous les êtres vivants — il est **indispensable** de recevoir des **stimulations** provenant de l'extérieur de soi.

Indispensable, absolument nécessaire pour maintenir en bon état la moelle épinière des êtres vivants équipés d'un système nerveux. Donc, nos rats du groupe A se portent bien parce qu'ils reçoivent bien leur dose de stimuli, tout comme en reçoivent les rats du groupe B. Et ce ne sont que les rats du groupe C qui n'en reçoivent pas des laborantins chargés de suivre l'expérience.

Il s'en dégage une loi, très (trop) peu connue propre aux êtres vivants :

Mieux vaut recevoir des stimulations négatives (des coups, par exemple) **que pas de stimulations du tout.**

Ce que la sagesse populaire avait pressenti depuis longtemps en disant : « Aime-moi ou hais-moi, mais ne m'ignore pas ! »

Dans une étude — demeurée célèbre parmi les spécialistes — René Spitz a révélé, dès 1945, que les mêmes observations ont pu être établies sur de jeunes nourrissons.

E. Berne en fait état dans « Des Jeux et des Hommes » (Stock, 1975) : « Les nourrissons que l'on ne manipule pas durant une période prolongée ont finalement tendance à décliner de manière irréversible, et finissent pas succomber à la maladie qui se déclare. »

Et aussi — déduction moins surprenante mais lourde de conséquence, comme nous verrons plus loin : « Les formes préférées de stimuli sont celles que fournit l'intimité physique. »

Donc, ce qui est vrai pour les rats l'est également pour les êtres humains qui, pas plus que les rats, ne le savent **consciemment** : il est indispensable de recevoir de notre entourage des stimulations. Notre nature nous porte à préférer les stimulations **positives** (agréables, « gentilles » — la forme la plus satisfaisante étant celle de l'intimité physique). Mais si la perspective d'obtenir des stimulations positives s'avère trop difficile, ou carrément impossible, notre moelle épinière et notre système nerveux — pour ne pas risquer le flétrissement — nous entraînent à rechercher des stimulations **négatives** (coups ou « coups psychologiques » que sont la méchanceté, l'agressivité des autres).

A. Maslow est un autre psychologue américain dont les recherches ont porté sur l'une des principales réalités nécessaires à la compréhension du comportement des hommes, à savoir l'étude des motivations humaines. Dans son principal ouvrage, « Motivation and Personnality » (Harper, 1954), Maslow fait état de sa théorie devenue célèbre des besoins humains.

Au premier rang de ceux-ci figurent les **besoins de survie** — parmi lesquels figurent désormais ces fameux besoins de stimulation, lesquels doivent bien prendre place en ce premier rang, puisqu'il s'agit bel et bien du besoin de maintenir l'intégrité physique de l'homme par le maintien en condition de la moelle épinière et, par extension, du système nerveux.

Pour Maslow apparaissent ensuite des **besoins de sécurité.**

Rappelons que Maslow introduit la notion de **hiérarchie des besoins** : c'est-à-dire qu'un besoin supérieur ne fait son apparition que quand le besoin inférieur est relativement satisfait.

En troisième rang apparaît un besoin nettement plus psychologique : le **besoin de reconnaissance**. C'est le besoin de savoir que l'on compte pour les autres.

Pour expliquer la combinaison du besoin de stimuli et du besoin de reconnaissance — lesquels peuvent bien être **associés** puisqu'ils cohabitent à l'intérieur de chaque individu (du moins chez les Occidentaux, auxquels, par acculturation, on peut désormais associer les Japonais), Eric Berne — dans l'introduction de son « Des Jeux et des Hommes » — introduit la notion de **stroke*** :

« Il est permis d'employer le mot *stroke* afin de désigner tout acte impliquant la reconnaissance de la présence d'autrui. »

C'est dire qu'en lançant un simple regard à quelqu'un ou en lui adressant gentiment la parole, en lui souriant ou, par contre, en lui donnant un coup — physique ou psychologique — en l'insultant, en l'« engueulant », en le frappant, on lui *donne* un stroke.

Ceci nous amène à comparer le stroke à une **calorie psychologique.**

Et, de même qu'il existe des aliments riches ou pauvres en calories, de même les contacts humains sont riches ou pauvres en strokes. (Avec la précision qu'il existe peu d'aliments ne comptant qu'**une** seule calorie — de même peu de contacts humains correspondraient à **un** seul stroke — et puis, de toute façon, en matière de strokes, il n'existe pas d'instrument de mesure ! —, nous emploierons le mot *strokes* au pluriel !) De plus, ce qui empêcherait toute mesure de la quantité de strokes contenue dans un contact humain est l'incapacité de mesurer une valeur subjective.

En effet, prenons le cas d'un baiser donné sur la joue. De quel point de vue déterminer la teneur en

---

* Stroke : comme nous l'avons précisé dans notre Avertissement, c'est le mot *stroke* dont il nous est le plus difficile d'accepter la traduction qu'en ont donnée les transactionnalistes francophones : caresse. Comme il arrive à bien des humains — comme nous le verrons plus loin — de rechercher — assez inconsciemment — des strokes négatifs tels que des « coups psychologiques » (insultes, engueulades, dévalorisations de toutes formes), il nous a toujours été particulièrement difficile dans notre pratique d'associer les mots *caresse* et *négative*. D'expliquer donc que des êtres humains « s'arrangent » pour obtenir des caresses négatives. Voilà pourquoi nous préférons conserver le terme anglais de *stroke* — qui, littéralement, veut dire « coup » et « caresse ».

strokes de ce contact de qualité ? De celui du donneur ? Ou du récipiendaire ?

La comparaison avec les calories n'a de valeur que pour indiquer la diversité de conteneur en strokes des différents types de contacts humains.

De ce point de vue, nous ne résistons pas à vous présenter ce « Petit Strokoscope de Poche » — absolument non homologué par l'ITAA*.

Petit Strokoscope de poche

Tout comme il existe des planches destinées à nous informer sur la teneur en calories des aliments, on peut imaginer ce « strokoscope » indiquant la teneur en *strokes* des divers types de contacts entre humains. Cette planche n'est pas exhaustive.

Comme l'indique la planche, marcher dans la foule apporte déjà quelques stimulations. Donner ou recevoir une information doit s'entendre comme un échange bref dans la durée, comme par exemple « Quelle heure est-il ? » ou « Sur quelle voie, le train pour Paris, s'il vous plaît ? » De même, la remarque est à entendre comme une information encore relativement brève, tandis qu'une bonne conversation peut s'entendre comme relativement longue. On le constatera, une dispute importante équivaut, grâce à son intensité, pratiquement à un moment d'intimité.

Quant à l'intimité — comme cela sera développé dans le prochain chapitre — il peut s'agir tout autant de proximité entre amis, collègues, parents et enfants, ou amants.

Ceci amène Berne à constater que les humains vont — la plupart du temps d'une manière non consciente — « s'arranger », faire des choses pour obtenir leurs strokes.

---

* ITAA : International Transactionnal Analysis Association ou Association Internationale d'Analyse Transactionnelle, le « Vatican » de l'AT dont le siège est à San Francisco.

PETIT STROKOSCOPE DE POCHE

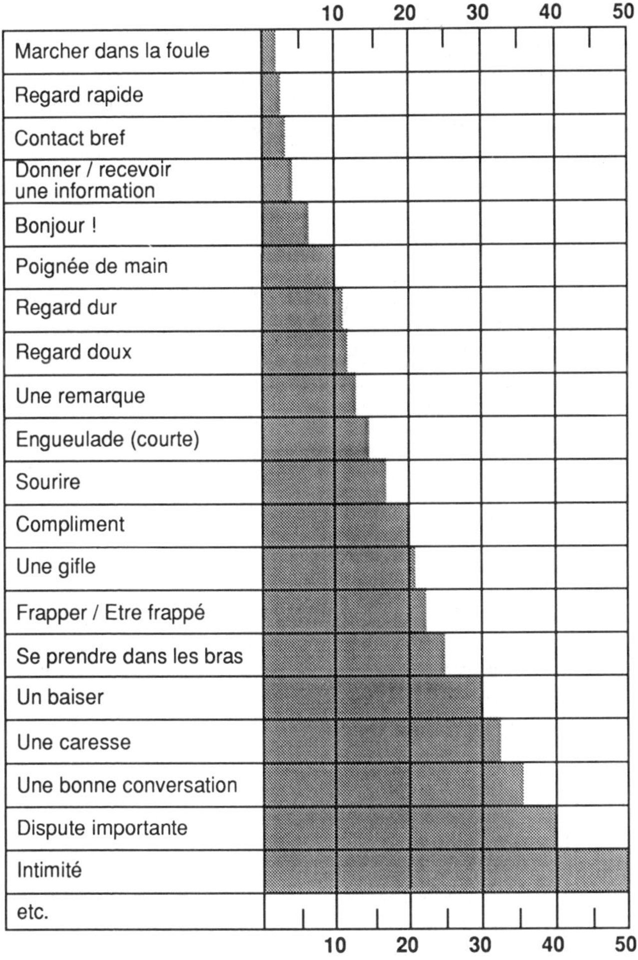

Stroke/signe de reconnaissance (calorie psychologique)

Bien que l'on ne puisse pas définir la quantité de strokes nécessaire par jour, on peut poursuivre la comparaison avec les calories. En effet, certains ont davantage d'appétit que d'autres.
De même, on peut constater qu'un humain peut rester quelque temps sans manger, on peut également rester un certain temps sans obtenir de strokes.

Mais pas trop longtemps ! Quoique ici aussi, les capacités à engranger des réserves varient d'un individu à l'autre.

Certains peuvent vivre isolés plus longtemps et mieux que d'autres. Nous verrons également plus loin comment le **scénario de vie** (voir chapitre 11) de chacun détermine la façon dont il a appris à obtenir ses strokes, de même que quels types de strokes il « peut » se permettre (positifs ou négatifs).

Cela nous permettra de mieux comprendre pourquoi Gustave, archiviste de son état — et devant, de ce fait, passer des heures au deuxième sous-sol d'un grand immeuble — « se trompe » régulièrement dans son classement, obtenant ainsi quelques strokes négatifs sous la forme de petites engueulades de la part de son chef.

N'oubliez pas : « Aime-moi, déteste-moi, mais ne sois pas indifférent ! » ou : « Mieux vaut des strokes négatifs que pas de strokes du tout ! » comme pourraient déjà dire les rats de R. Spitz.

Cela nous permettra également de mieux comprendre l'étrange manège auquel se livre Madame Martin, veuve et pensionnée de son état — une situation qui, hormis les visites que peuvent lui rendre les membres de sa famille, se trouve être parcimonieuse en strokes. Chaque jour, Madame Martin emporte son parapluie — quel que soit le temps — pour faire ses emplettes dans les quatre magasins qu'elle fréquente régulièrement à Montier-en-Der. Quatre magasins dans lesquels, régulièrement, elle laisse choir ledit parapluie — où un monsieur, toujours très poliment, s'empresse de le lui ramasser — ou, plus rarement, d'oublier l'objet : Madame Martin a dans son Parent Normatif, une « valeur» – par coquetterie – selon laquelle «Les personnes âgées ne doivent pas trop rencontrer de monde!»

Voilà pourquoi les courses de Madame Martin sont un rituel si important pour elle.

Voilà aussi ce qui explique pourquoi la situation de grand malade peut être si pénible à certains, le manque de strokes s'avérant parfois plus douloureux que la maladie elle-même.

Voilà aussi pourquoi certains recherchent en vacances, notamment, davantage la solitude et le calme – ceux dont l'existence quotidienne fournit une dose importante de strokes (ceux que le métier met beaucoup en présence des autres) tandis que d'autres vont rechercher des lieux et des périodes animés.

Remarquons au passage qu'on ne peut tirer, sur ce plan, de conclusions absolues – certaines personnes semblent être boulimiques en matière de strokes et ne jamais éprouver le besoin d'isolement.

Voilà enfin ce qui explique pourquoi tant de gens éprouvent de sérieuses difficultés à bien vivre l'état de pensionnés – et les travaux de Spitz, qui a établi un rapport entre l'absence de strokes et la mort des jeunes nourrissons, endossent dès lors un aspect assez effrayant! Le décès précoce de nombreux pensionnés s'expliquerait-il par une trop grande rupture dans l'obtention de strokes? Une idée que n'aurait sans doute pas réfuté Berne. Lui qui écrivait dans son dernier ouvrage «Que dites-vous après avoir dit Bonjour?» (réf. déjà citée) que la vie semble n'être – pour la très grande majorité de nos contemporains – que la recherche effrénée de strokes, et notre organisation sociale qu'une série de moyens pour en organiser la production et la distribution – en plus de la satisfaction des besoins alimentaires et de logement, bien sûr.

Et ceci nous amène à pouvoir développer un troisième besoin selon Berne et l'AT: le besoin de structures.

POUR CEUX QUI VEULENT EN SAVOIR PLUS (OU QUI VEULENT EN DISCUTER DAVANTAGE)

A propos des strokes, il est une question que posent souvent des participants à un stage 101 : « Peut-on considérer que nos animaux domestiques nous donnent des strokes ? »

Si l'on s'en tient au sens le moins riche du mot *strokes* (qui se limite alors au seul concept de stimulation), la réponse est alors affirmative.

Les manifestations multiples que produisent les animaux domestiques sont alors des stimulations. Dans toute l'acceptation du mot. Au même titre alors que la plupart des manifestations de la nature (pluie, vent, neige, soleil, etc). Il faut bel et bien parler de stimulations lorsqu'un enfant (ou une personne d'âge adulte) est effrayé par un éclair !

Si par contre on donne au mot stroke le sens complet (c'est-à-dire incluant la notion du besoin d'être reconnu – que l'on appelle besoin de signes de reconnaissance), on peut, peut-être, encore répondre affirmativement.

Mais cette affirmation-ci est moins formelle.

Nous avons dit, en effet, que la difficulté à établir un véritable strokoscope (voir p. 89) tient au fait que la valeur d'un stroke garde toute sa subjectivité.

Dans ce cas, nous dirons qu'il appartient à chacun d'apprécier si la manifestation d'un chat, d'un chien peut se comparer aux manifestations de reconnaissance émises par un autre être humain. Nous savons que d'aucuns pensent que oui.

6

DE QUELLE FAÇON STRUCTUREZ-VOUS VOTRE TEMPS ?

LES SIX FAÇONS DE PASSER LE TEMPS AVEC LES AUTRES... ET SOI-MÊME

Berne, Spitz et — finalement — bien d'autres l'ont établi : la forme la plus satisfaisante de vivre une relation avec l'autre est ce qui s'appelle **intimité.**

Qu'il faut entendre dans un sens plus large que la seule intimité physique — sans quoi les prostituées auraient le plus beau métier du monde.

La relation d'intimité à l'autre est la première et la plus satisfaisante de toutes les relations. (Même les mystiques, qui considéreront la relation à Dieu comme étant l'intensité relationnelle la plus vive qu'un être humain puisse connaître, la comparent à celle d'un nourrisson avec sa mère. Et puis, peut-on parler d'un « autre » dans le cas de Dieu ?) C'est, bien évidemment, la relation que vit tout nourrisson avec sa mère. Et cela est aussi vrai pour ceux que la vie a séparé et sevré très tôt de cette relation fondamentale.

L'être humain s'engage donc dans l'existence avec le souvenir nostalgique d'une relation avec l'autre plus que satisfaisante : la relation de chaleur, de tendresse la plus satisfaisante, l'intimité.

Mais, très tôt, son entourage (dont sa mère) va s'efforcer de lui apprendre à vivre — et donc à éprouver des satisfactions avec les autres.

Dès sa première année, le petit d'homme comprend qu'il ne peut solliciter la proximité de sa maman autant qu'il ne le souhaite. Idéalement (mais combien ont connu les conditions de cet apprentissage idéal?), il apprend aussi à éprouver des satisfactions dans la proximité (qui sera souvent moins physique que la stricte intimité) avec son père, ses frères et sœurs, sa famille, dans un premier temps.

Toujours idéalement, il devrait aussi apprendre les satisfactions qu'apporte la proximité avec d'autres personnes (instituteurs, premiers compagnons de jeux et de classes).

Et plus tard, renouant avec l'intimité dans toute son acception, celle d'un partenaire.

Mais revenons un instant au sens le plus large évoqué en début de ce chapitre.

La haute teneur en strokes de la relation d'intimité, puis plus tard dans l'existence, de la relation de proximité, tient à la chaleur psychologique (faite d'un doux sentiment de bien-être dû à la proximité de l'autre) de ce type de relation.

C'est pourquoi nous disons que ce type de relation est possible — mais pas forcément réalisé — entre parents et enfants, entre membres d'une même famille, entre amis, entre collègues, entre personnes amoureuses l'une de l'autre.

La relation amoureuse permet de préciser la différence entre proximité psychologique et intimité physique.

Deux personnes peuvent avoir un rapport sexuel — qui inclut bel et bien une intimité physique — sans la chaleur (faite de tendresse, d'attention portée à l'autre) psychologique d'une relation de proximité.

Tout être humain va donc grandir en développant une certaine angoisse.

Redonnons la parole à Eric Berne :

« Ainsi, une fois passée la phase d'étroite intimité avec la mère, l'individu devra, pendant le reste de sa vie, faire face à un dilemme entre les deux termes duquel sa destinée et sa survie seront continuellement ballottées.

D'une part, les forces sociales, psychologiques et biologiques s'opposant à la continuation d'une intimité physique de modèle infantile et, d'autre part, le perpétuel effort en vue d'atteindre cette situation d'intimité. » (réf. déjà citée)

C'est-à-dire, d'un côté, surtout les règles morales de la société qui s'opposent à la recherche de cette situation d'intimité, et le désir intense de vivre ne fût-ce qu'un substitut de cette situation, de l'autre côté. Désir qui, très tôt, sera soutenu par la pulsion sexuelle.

On comprend — ceci soit dit en passant — combien d'erreurs de confusion vont s'installer dans l'esprit de nos congénères par absence d'éducation affective et sexuelle.

Tiraillés entre ces besoins, souvent considérés jusqu'à nos jours comme totalement contradictoires, les humains ont tenté de résoudre ces contradictions en **organisant**, autant qu'il soit possible, leurs échanges, leurs rencontres, leurs relations.

C'est ce que Berne appelle le **besoin de structure**.

Et puisque cette structuration concerne le seul bien précieux, la seule richesse que tous les hommes possèdent — à savoir leur temps — l'AT appelle ce besoin de structure, **la structuration du temps.**

Et là, nouveau coup de génie de Berne : il compose une grille d'analyse de la façon dont les humains organisent leur temps dans les rapports qu'ils entretiennent avec leurs semblables et avec eux-mêmes. Ce que l'AT appelle la grille de structuration du temps.

Berne y développe les **six façons** de passer le temps avec les autres et soi-même.

Six manières de vivre le temps qui vont du **retrait** (ou absence de contact avec les autres) à cette forme la plus proche de l'intimité, que nous appelons la **proximité.**

En ne perdant pas de vue que c'est parce que la proximité est difficile à vivre* que les humains – qui doivent bien se rencontrer pour d'autres raisons (travailler, notamment – en vue de satisfaire leurs besoins de survie et de sécurité) – ont organisé d'autres manières de vivre leurs relations, d'échanger des transactions.

Ces six manières d'organiser le temps avec les autres et soi-même ont chacune un nom.

C'est ce que nous allons découvrir maintenant.

1. Le retrait

Françoise a terminé sa journée de travail. Gérante d'une importante librairie-papeterie, elle rencontre toute la journée des centaines de regards, discute, répond aux questions de centaines de clients.

Que voilà bien une occupation professionnelle qui offre son pesant d'or en strokes ! Trop peut-être ? Pour certains, sûrement. Pour ceux qui préfèrent un métier comprenant moins de contacts avec les autres, comme ces veilleurs de nuit, ces machinistes de tous types qui restent parfois huit heures et plus sans croiser un regard ! Mais Françoise, parfois fatiguée par des journées trop riches en strokes, sait comment « régulariser » son équilibre personnel.

* Nous verrons au chapitre 2 de la 2e partie comment vivre des relations de proximité sans danger.

Quand elle rentre chez elle, le soir, elle s'accorde un temps de retrait bénéfique. Elle parle peu. Ou pas du tout. Elle se retrouve seule avec elle-même, s'assied dans un fauteuil et ne fait rien. C'est là la fonction de **retrait** (dans notre exemple, on pourrait dire retraite) vécue d'une manière bien adéquate.

Et, même sans occuper un emploi si « riche » en strokes, il nous arrive à (presque) tous de connaître des moments de surconsommation de strokes — où l'on éprouve presque une sensation proche de l'indigestion — dont on récupère par un « retrait » judicieux.

Presque tous, écrivons-nous.

Parce que l'un des problèmes majeurs des « moins actifs » — vous l'aurez compris —, c'est d'être trop souvent en situation de retrait (retraités et malades en tête).

Le retrait est souhaitable, c'est évident, mais il se vit surtout positivement lorsqu'il est voulu. Quand c'est une décision de notre Adulte. Pour se reposer, comme Françoise. Pour réfléchir. Pour laisser vagabonder son imagination. Pour se « ressourcer » à son centre profond.

Le retrait, c'est l'absence de transaction avec les autres.

2. Les rituels

« Bonjour. Ça va ? »

Berne appelle **rituel** ce premier élément d'un échange de transactions qui n'est souvent pas une vraie question sur l'état de la personne à qui on l'adresse.

De même que la réponse fréquente « Bien. Et vous ? » n'est souvent que le deuxième élément d'un rituel bien connu dont le but n'est pas davantage une vraie question.

Berne suppute que les rituels sont des « manœuvres d'approche » apprises pour entrer en contact d'une manière prudente — en évitant certains risques (notamment, celui d'être « envahi » par quelqu'un dont l'état l'entraînerait à répondre « Non, je ne vais pas bien du tout ! » alors qu'on n'est pas disponible pour l'écouter avec patience).

Certains groupes sociaux ont des rituels longs et complexes. Le rituel est souvent l'expression d'un désir de communication que peu de sociétés acceptent exprimé plus spontanément (cette expression serait alors quelque chose comme : « Bonjour. J'aimerais parler avec vous ! »). C'est son côté positif.

Il n'y a pas de caractère négatif aux rituels.

Si ce n'est que l'on peut regretter que certaines personnes — comme Madame Martin rencontrée au chap. 5 — semblent se « limiter » volontairement à ce type de transactions (ou encore, dans des circonstances comme certains mariages, inaugurations, séances académiques).

3. Les pastimes *(Passe-temps)*

Voilà encore l'une de ces traductions littérales (pastime = passe-temps) qui nous paraît pouvoir facilement prêter à confusion, parce que le mot passe-temps existe en français et qu'il ne signifie pas ce que **pastime** veut dire dans les écrits de Berne.

« Beau temps, n'est-ce pas ?

« Ah oui, le soleil est de retour !

« Ce n'est pas comme la semaine passée, n'est-ce pas !

« Quelle pluie ! Je n'avais plus vu d'averse pareille depuis des années ! »

Vous savez, cher lecteur, par expérience, que cette conversation peut se prolonger fort longtemps.

De quoi s'agit-il et pourquoi Berne appelle-t-il ce genre de façon d'échanger avec les autres des pastimes ?

Parce qu'il ne s'agit plus — au sens strict — d'un simple rituel mais qu'on n'y échange pas de réelles informations (dans l'exemple ci-dessus, seule la dernière transaction contient un élément d'information).

Dès lors, on peut dire que les pastimes vont pouvoir durer.

D'autant plus qu'on n'y parle pas vraiment de soi — dans le sens où il faut bien reconnaître qu'affirmer « n'avoir plus vu de pareille averse » n'est pas une révélation très personnelle.

Le pastime est donc un type d'échange qui présente un certain nombre de qualités non négligeables :

— Ils permettent des conversations plus longues que les rituels (donc permettent un échange de strokes important).

— Echange dont la « nature » peut être extrêmement variée (le « catalogue » des pastimes va de la conversation « pluie-beau temps » à celle sur la « politique » en passant par « bagnoles », « vêtements », « sports », « lieux de vacances », « qu'est devenu ? », « décoration », « éducation d'enfant », « spectacles »).

— Echange non dangereux — parce qu'on ne s'y implique pas vraiment, chaque partenaire a l'air de brancher le « bavardeur automatique » en le laissant « aller ».

— Enfin, ce type d'échange permet de sélectionner les personnes avec lesquelles on pourra avoir des échanges, des transactions plus impliquantes (voir ci-dessous 4. Activités, 5. Proximité, 6. Jeux psychologiques).

4. Les activités

Cette appellation concerne bel et bien toutes les formes d'activités orientées vers un but auxquelles les humains peuvent participer ensemble. Qu'il s'agisse de préparer un dîner, faire la vaisselle, poser des questions dans le but d'obtenir des informations (et non pas « en bavardage automatique » — auquel cas on a affaire à un pastime), dicter une lettre, jardiner, participer à une réunion, et surtout travailler ensemble.

Il existe une catégorie de comportements dont l'appartenance à la catégorie « activité » est pour le moins ambiguë : il s'agit des activités ludiques. Jouer aux cartes, au football, cela peut-il être considéré comme « activités orientées vers un but » ? Sans doute pas au même titre que les activités mentionnées ci-dessus. De même que les rapports sexuels, nous rangerons ces « manières » de faire quelque chose à deux ou à plusieurs, dans la catégorie 5. Proximité.

5. La proximité *(intimité)*

C'est le type d'échange — selon Berne et sans doute l'avis de la très grande majorité des psychologues (ainsi qu'une bonne part du grand public) — qui est considéré comme le plus difficile. Ce qu'il appelle intimité est un contact franc, sincère, authentique et spontané.

Ce peuvent être des rires, des pleurs, des expressions de peur ou de colère (une colère pure, non manipulatrice — c'est-à-dire sans tentative d'effrayer l'autre par sa colère).

C'est une transaction Enfant Libre-Enfant Libre. Elle est souvent ressentie comme dangereuse. Il n'est pas faux de dire que, à cause de leurs systèmes de protection contre ces formes de proximité, certaines personnes vivent toute leur vie de grande personne sans plus connaître de vrai moment de proximité.

Nous avons choisi de remplacer le mot *intimité* par proximité, parce que ce dernier nous semble davantage déchargé de toute connotation sexuelle, permettant plus facilement d'évoquer ce type d'échange entre deux hommes au travail – qui s'échangent un « coup d'œil complice » au moment où ils viennent d'être félicités par leur patron pour une mission bien remplie – ou d'un père qui sourit à sa petite fille qui vient d'exécuter un pas de danse à la fête de l'école.

6. Les jeux psychologiques

Eric Berne a consacré un livre entier (« Games people play ») à ces « jeux » – mot mal approprié à cause de la clôture, inévitablement défavorable pour au moins un des protagonistes.

Le transactionnaliste belge S. Nasielski a tenté de proposer l'emploi du mot « stratagème », nettement plus approprié. Mais l'usage s'est très vite établi et c'est le mot « jeu » qui s'est imposé pour désigner ces « jeux » si peu amusants.

La « mécanique » des jeux psychologiques est une réalité assez complexe. Nous allons tenter de la clarifier.

Un jeu psychologique est une suite de transactions où les protagonistes « s'installent » inconsciemment (parce qu'on n'y « joue » pas volontairement) dans les trois rôles décrits dans le chapitre 3, à savoir les rôles de Persécuteur, de Persécuté – ou de Victime – avec de temps en temps un rôle de Sauveteur.

Dans les jeux psychologiques, l'échange est typiquement celui de **transactions à double fond** (c'est-à-dire des transactions dans lesquelles coexistent une transaction « de surface » – visible ou audible – appelée transaction *au niveau social* et une transaction « sous-entendue » – appelée transaction au *niveau psychologique).*

Arrêtons-nous un instant pour observer ce que l'AT appelle un jeu psychologique.

En arrivant au bureau, Jules marche en boitant et en gémissant.

Jules : « Oh la la ! mes enfants ! Quelle nuit ! Je n'ai pas fermé l'œil de la nuit ! »

Louis : « Eh bien, mon pauvre Jules ! Te voilà bien mal en point ! C'est encore ton dos qui te fait souffrir ? »

Jules : « Ah oui ! C'est toujours la même chose. » (toujours en gémissant)

Louis : « Et si tu allais voir un médecin. Tu ne crois pas que ce serait... »

Albert : « Ils feraient mieux de l'envoyer à l'hospice ! ! »

Louis : « Allons, Albert. Sois gentil avec Jules. Tu vois bien qu'il a mal. Jules, mets-toi ici, dans ce fauteuil ! Tu devrais voir un médecin. Un spécialiste. »

Jules : « Aaah non ! Ceux-là ! Ils vont encore me parler d'exercices ! »

La scène se poursuit par quelques transactions du même type jusqu'au moment où Louis, excédé de voir ses « suggestions repoussées », éclate : « Aah zut alors, Jules. C'est toujours la même chose avec toi. Je cherche à t'aider et toi, tu ne veux rien faire ! Tant pis pour toi ! »

Décrivons un autre exemple de jeu psychologique avant de les analyser.

Monsieur Dutronc a bien envie d'avoir avec Madame Dutronc un rapport sexuel. Celle-ci a déjà refusé par deux fois ces derniers jours. Madame sort de la salle de bains en peignoir entrouvert.

Elle s'approche de Monsieur par derrière. Il lit tranquillement son journal, dans son fauteuil. Elle pose ses mains sur ses yeux et fait : « Coucou ! Qui est-ce ? »

Convaincu que son épouse est maintenant plus acceptante que les jours précédents, Monsieur se retourne et glisse sa main dans le peignoir. C'est alors qu'il reçoit un geste de retrait rapide accompagné d'un cinglant : « Espèce de vicieux, tu ne penses qu'à ça ! »

Examinons maintenant ces deux scènes afin de comprendre pourquoi l'AT les appelle jeux psychologiques.

Dans la première, Jules se présente en Victime. Louis réagit en Sauveteur. Un Sauveteur, selon l'AT, c'est quelqu'un qui se porte au secours de l'autre **sans que celui-ci n'ait rien demandé.** Où est le mal ? diront certains. Pas encore bien grave.

Mais les conséquences des actes commis à partir du Parent Bienveillant seront différentes selon qu'il s'agit d'un acte de bienveillance — ou de prévenance — ou d'un acte qui correspond chez la personne (ici, Louis) à un comportement habituel qui consiste à se précipiter au-devant des besoins « devinés » par une personne Sauveteuse. Jules poursuit sur le mode Victime…

Albert s'en mêle et intervient avec une phrase Persécuteur. Jules reste égal à lui-même, jusqu'à excéder le bon Louis qui finit par le persécuter à son tour.

Pour être complet, on pourrait imaginer Jules rentrant chez lui, disant à sa femme : « Tous les mêmes ! Tous des salauds ! (Persécuteur). Personne n'a vraiment pitié de moi ! (Victime) », en donnant peut-être un coup de pied au chien (Persécuteur).

Dans la seconde scène, Monsieur Dutronc est installé dans son fauteuil — et son rôle de Victime (il s'est vu refuser par deux fois les charmes de sa femme, rappelons-le). Celle-ci manifeste une attitude provocante dont le but (peu conscient, sans doute) n'est autre que de pouvoir lui asséner un « coup psychologique » sérieusement Persécutant.

L'« avantage » d'un jeu psychologique, c'est que les personnes impliquées vivent un moment « intense » ensemble, sans rien résoudre, sans rien faire évoluer. Ils échangent ainsi une quantité de strokes non négligeable, évitent l'exigence de transparence de la proximité et, surtout, résolvent tout à fait inconsciemment l'angoissant problème de chercher comment « passer le temps » ensemble. « Avantage » final : le jeu psychologique étant généralement l'une des meilleures façons de ne pas résoudre un problème, les protagonistes peuvent le recommencer.

Certains jeux psychologiques durent cinq minutes, d'autres peuvent durer toute une vie.

E. Berne a repéré dans la société américaine une cinquantaine de jeux psychologiques, plus ou moins comparables aux deux jeux décrits ci-dessus. Toujours animé par son désir de rendre ses découvertes — il faudrait plutôt dire sa « réorganisation » des connaissances psychologiques — accessibles au grand public, il les a étiquetés... en les identifiant par les phrases utilisées dans la vie courante pour soit commencer une série d'échanges de ce type, soit la terminer. C'est ainsi que l'on dit en AT que certains jouent à « Cette fois, je te tiens, mon salaud ! », d'autres à « Mais j'essaye seulement de vous aider ! », d'autres encore à « C'est affreux ». Le fait « d'entrer » dans un jeu psychologique — nous l'avons déjà dit — est inconscient. Vivre une situation comme celle de Jules, Louis et Albert débouchera sur des actions quand — **inconsciemment** — personne ne se laissera entraîner à être Persécuteur, Sauveteur ou Victime. On constate alors que les personnes concernées cherchent des solutions aux problèmes qu'ils vivent :

Jules : « J'ai passé une mauvaise nuit. J'ai encore eu mal au dos. » (dans son Adulte, donne une information)

Louis, à partir de son Adulte également : « Et as-tu consulté le médecin ? »

Jules (toujours dans son Adulte) : « Non, mais c'est une bonne idée. Je vais lui téléphoner. »

Louis peut alors faire une proposition aimable à partir de son Parent Bienveillant, non Sauveteur : « Et si tu souhaites un coup de main particulier, aujourd'hui, demande-le. » On aura compris qu'il aurait été encore une fois Sauveteur, s'il avait dit : « Tu n'as qu'à me donner le travail pénible de cette journée. »

De même, chez les Dutronc, « le » problème aurait pu se traiter par des personnes qui s'informent mutuellement — avec leur Adulte — sur l'état de frustration de son Enfant pour Monsieur :

« Chérie, je dois te dire que j'éprouve un vif désir de faire l'amour ! ! ! » Ce à quoi, Madame peut répondre : « D'accord » ou « Je n'éprouve pas la même envie en ce moment précis, et je te demande de patienter jusqu'à ce que, moi aussi, j'en aie envie. »

Elle peut même — si c'est vraiment ce qu'elle pense — faire état, gentiment, à son mari de l'opinion qu'elle émettait à partir de son Parent Normatif qui était alors persécuteur dans leur jeu psychologique tel que décrit ci-dessus. Cela devient alors :

« Je me permets de te signaler que, compte tenu de l'éducation que j'ai reçue, il m'est difficile de ne pas considérer que la fréquence de tes demandes me paraît élevée. »

Lorsqu'on anime un séminaire de découverte de l'AT et que l'on donne ces types d'exemples (cités ci-dessus : Jules, Louis et Albert / les Dutronc) avec les deux versions — c'est-à-dire vécues en jeux psychologiques ou non — il est toujours quelques participants pour déclarer que le mode de relations « hors jeux psychologiques » doit être monotone et certains ajoutent même ennuyeux.

Cela confirme bien l'avis de Berne selon lequel les gens tiennent à leurs jeux psychologiques et ne sont souvent pas prêts à les arrêter.

En effet – revoyez le chapitre 3 – il n'est pas si évident de vivre dans la paix et le bonheur.

Il est surtout permis de penser que, pour beaucoup, ce ne serait pas très « excitant ».

C'est pourquoi les humains ont adopté des comportements Persécuteur, Sauveteur et/ou Victime et ont agencé ces comportements dans des successions de transactions à double fond, formant des jeux psychologiques. Une cinquantaine a donc été repérée par Berne – nous consacrons notre habituelle note de fin de chapitre à en décrire les principaux.

Les transactionnalistes ont cru bon d'en distinguer trois degrés d'intensité.

1er degré : jouer un jeu psychologique au premier degré peut n'être que fort peu perturbant. Il s'agit des « petits accrochages » de la vie quotidienne auxquels tant de gens sont habitués. Leur répétition peut s'avérer lassante.

2e degré : un jeu psychologique au deuxième degré laisse un « bénéfice psychologique » déjà nettement plus lourd.

3e degré : au troisième degré, il y a des « bénéfices psychologiques négatifs » très lourds, graves (perte d'emploi, rupture, accident, hôpital et... morgue).

Une même personne « joue » à plusieurs jeux psychologiques à des degrés variés.

Gaston peut jouer à « Sans Toi » avec sa femme au deuxième degré et à « Cette fois, je te tiens mon salaud » au premier degré, avec son adjoint au bureau, tout en ayant une liaison avec Mylène, dans laquelle il joue « Au viol » au troisième degré.

On l'aura compris, les jeux psychologiques sont l'une des premières sources de difficulté entre les individus. Comment les éviter ?

Bien qu'au moment de la sortie de « Des jeux et des hommes » Berne ait été relativement pessimiste sur la capacité à les éviter, les réflexions et l'expérience des transactionnalistes ont évolué depuis. Et aujourd'hui, c'est avec plus d'optimisme que la possibilité de prendre conscience des jeux psychologiques est envisagée — grâce, notamment, à l'important mouvement de diffusion dans le grand public des notions de psychologie (voir Daco, bibliographie).

C'est pourquoi notre chapitre 2 IIe partie contient un certain nombre de moyens d'éviter de se faire piéger.

Et notre « note » de fin de chapitre (Pour ceux qui veulent en savoir plus — dont la lecture n'est pas indispensable pour la bonne compréhension de la suite de cet ouvrage) est consacrée à la description de quelques-uns des jeux psychologiques parmi les plus répandus.

Gageons qu'elle suscitera l'intérêt de plus d'un lecteur parce que, comme le précise Raymond Hostie dans « Analyse Transactionnelle : L'Age Adulte »* : la description des jeux psychologiques « suscite l'intérêt du Parent, qui y reconnaît les travers de son prochain. Elle stimule l'Enfant qui se retrouve dans l'astuce et la débrouillardise des quatre cents coups. Ainsi que l'Adulte, à la fois perspicace et indulgent qui y reconnaît tous les éléments mis en évidence » par Berne « sans équivoque, sans compromission et sans parti pris. »

La description la plus fréquente des façons de structurer le temps suit l'ordre repris dans le tableau de synthèse qui suit.

---

* Voir Bibliographie, en fin d'ouvrage.

COMMENT GÉRER LE TEMPS AVEC LES AUTRES

Type	Transactions les plus fréquentes	Strokes
1. Retrait	Absence de transactions	Pas de strokes
2. Rituels	Parent-Parent	Peu, neutres ou +
3. Pastimes	Parent-Parent	De peu à beaucoup, neutres ou +
4. Activités	surtout Adulte-Adulte	Beaucoup, neutres ou +
5. Jeux psychologiques	à double fond	Beaucoup
6. Proximité	Enfant-Enfant, Parent-Enfant	Beaucoup, très intenses
Les 6 façons		De 0 (retrait) à beaucoup

ET SOI-MÊME EN OBTENANT DES STROKES

<table>
<tr><th>Avantages</th><th>Inconvénients</th></tr>
<tr><td>Indispensable à la récupération</td><td>Malaises quand trop fréquent et non volontaire</td></tr>
<tr><td>Indispensable à la vie sociale</td><td rowspan="2">Sensation de manque à qui s'en tient à ces types de contact</td></tr>
<tr><td>Facilite l'approche des autres</td></tr>
<tr><td>Indispensable à la réalisation de nos objectifs</td><td>Monotonie pour qui s'en tient à ce type de contact</td></tr>
<tr><td>S'apprend par imitation non consciente</td><td>Sources de malentendus et de malheurs</td></tr>
<tr><td>Le plus satisfaisant</td><td>Peut paraître effrayant pour certains</td></tr>
<tr><td>Résolvent l'angoissante question « Comment va-t-on passer le temps ? »</td><td>Il peut être difficile, pour certains, de choisir consciemment le type de transactions</td></tr>
</table>

POUR CEUX QUI VEULENT EN SAVOIR PLUS

Berne n'aurait-il écrit que son ouvrage « Des Jeux et des hommes », que la postérité aurait retenu son nom.

Tant cette découverte est importante et la forme sous laquelle il l'a proposée, originale.

Nous la proposons ici.

Description de quelques Jeux psychologiques les plus courants

(Nous rappelons le souci d'efficacité de Berne qui l'a amené à dénommer les différents jeux psychologiques par des expressions courantes plutôt qu'en les affublant de mots savants.)

• **Le mien est mieux que le tien**

E. Berne a longtemps considéré ce jeu comme l'un des jeux de base, un jeu où, si l'on réfléchit bien, l'intention « Moi, je suis OK — Tu n'es pas OK » est très perceptible. Moi — ou « mon truc », « ma chose » — je te Persécute — toi, ou « ton truc », « ta chose » — pour te faire te sentir mal. Je cherche à te faire te sentir Victime.

Le catalogue des variations est presque sans fin.

Il comprend des choses relativement bénignes, comme « mon catalogue est mieux, plus complet, plus actuel que le tien », « ma tondeuse à gazon », « mon stylo » — des choses plus graves comme « mon enfant », « ma religion », « ma femme », « ma couleur de peau », en passant par d'autres, situées entre ces deux extrêmes : « ma voiture », « mon choix de vacances », « ma formation universitaire », « mes lectures », « mes fréquentations ».

Un de ces jeux tellement répandus, que nous pensons que peu de gens y échappent.

• **C'est affreux !**

L'un des jeux les plus répandus et (peut-être) les moins nocifs. Même les enfants apprennent très tôt à trouver des situations qui leur permettent de se plaindre (et alors, le ou les « joueurs » se trouvent en position de Victime) ou de critiquer les autres (position de Persécuteur).

« C'est affreux ! On ne peut vraiment plus faire confiance à personne ! »

▶ TEST DE COMPRÉHENSION DU CHAPITRE 6

Pouvez-vous reconnaître dans quel type de structuration du temps se trouvent les personnes décrites dans les situations mentionnées ci-dessous ?

		RE	RI	PA	AC	JP	PR
1.	*Deux supporters se sautent mutuellement dans les bras parce que leur équipe vient de marquer un but.*						
2.	*Un touriste demande son chemin et reçoit la réponse d'un habitant de la région.*						
3.	*M. Noël claque la porte après une discussion houleuse.*						
4.	*Muriel ne prend pas part aux discussions de la réunion.*						
5.	*Roland T. raconte une blague au mariage de Frédérique.*						
6.	*Didier demande comment fonctionne un appareil de cuisine.*						
7.	*Claude boude dans son coin.*						
8.	*Virginie répond « Oui, mais ça ne marchera pas » à une proposition que lui fait sa mère.*						
9.	*Jean-François prend son fils Boris dans les bras.*						
10.	*Nathalie salue sa voisine : « Bonjour Françoise, comment vas-tu ? »*						
11.	*Deux partenaires ont un échange tendre suivi d'un échange sexuel intense.*						
12.	*Christiane répond à une proposition de son chef : « Comment voulez-vous que je fasse ce travail, je suis nulle en orthographe… »*						

▶ CORRECTION COMMENTÉE

1. Proximité.

2. Rituel (il s'agit d'un échange presque mécanique). Peut cependant aussi entrer dans la catégorie Activité, surtout si l'échange est fourni.

3. Claquer la porte est un geste de Victime, fréquent au terme du Jeu psychologique dénommé « La scène » par Berne.

4. Retrait.

5. Pastime. Attention à la différence entre la « blague » qui est un pastime (destiné à faire rire, mais surtout à créer un contact social) et le rire franc — sans moquerie — qui est de l'ordre de la Proximité (sans moquerie, sans quoi on est dans le rôle Persécuteur — et, dès lors, dans un Jeu Psychologique).

6. Activité, parce qu'il s'agit d'une question d'information.

7. Jeu psychologique, parce que « bouder » est une attitude typiquement Victime.

8. Jeu psychologique. « Oui, mais » est le nom d'un Jeu psychologique repéré par Berne.

9. Proximité.

10. Rituel.

11. Proximité.

12. Jeu psychologique appelé « Jambe de Bois » par Berne.

Sans doute aussi l'un des jeux psychologiques les plus anciens.

• **Le débiteur**
Consiste à se « laisser entraîner » à faire des achats à tempérament — au-delà des possibilités réalistes que l'Adulte pourrait prendre en considération — jusqu'à se retrouver « **Coincé** » (nom donné à un autre jeu), donc Victime des « méchants créanciers » — dont certains ne manqueront pas de Persécuter le pauvre débiteur qui, dans les cas extrêmes, ne trouve pas d'autre solution que de laisser tomber son travail ou « avoir un grave accident de voiture ».

• **Donnez-moi des coups de pied** ou **Attrapez-moi**
Victor se comporte de manière telle qu'il finit par « excéder » son entourage, lequel devient Persécuteur et lui donne « des coups de pied » (soit réellement physiques, il se fait alors « sortir » d'un lieu public, par exemple, ou psychologiques : « On ne veut plus te voir ici ») et Victor peut rejouer la Victime.

On peut imaginer combien de personnes peuvent jouer au Sauveteur autour de Victor !

• **Cette fois, je te tiens, salaud**
Patrick fait appel à un plombier et lui demande un devis. Le travail terminé, la facture comprend des frais supplémentaires pour une vanne que le plombier n'avait pas comptée dans son offre. Patrick entre en fureur, appelle le plombier par téléphone, l'injurie. Le plombier se défend. Patrick menace de le poursuivre en justice, après lui avoir fait beaucoup de morale. Le plombier finit par céder en maugréant.

Tout le monde joue les 3 rôles.

Patrick persécute le plombier; s'il avait abordé la situation avec son Adulte, c'est la négociation qui aurait prévalu, plutôt que le « procès moral » fait au plombier qui a tenté, lui aussi, un geste Persécutant (le plombier aurait-il pris en considération l'« injustice » si Patrick n'avait pas réagi avec force ?).

Les joueurs de ce jeu (comme les joueurs d'un jeu proche — C'est affreux —) *recherchent des injustices de manière à s'en plaindre* à des interlocuteurs complémentaires au lieu de chercher à solutionner les déséquilibres.

• Regarde ce que tu me fais faire

Francine, jeune secrétaire, s'affaire à préparer les documents dont elle croit que Raymond a besoin pour sa conférence (attitude Sauveteur). Elle tourne autour de lui – et se prend sûrement pour la mouche du coche (« Que ferait-il sans moi? Tout irait sans doute à vau-l'eau ») jusqu'à ce qu'il s'énerve – et devienne Persécuteur (« Cessez de tourner dans tous les sens ! »). A ce moment-là, elle renverse « par inadvertance » un verre d'eau sur les papiers de Raymond, et peut ainsi lui décocher un « Regarde ce que tu me fais faire ! » à la fois Persécuteur en prenant une mine de grande Victime.

Remarquons que ce jeu peut aussi finir un moment plus tard où, Francine – fâchée – lui décoche un « Moi qui fais ça uniquement pour t'aider ! » très Persécutant.

• Surmené

La personne qui « prend tout le travail sur ses épaules » – à la maison ou au travail – illustre bien la dynamique des jeux psychologiques. Au lieu de demander de l'aide (position Adulte), elle travaille comme une forcenée et passe alors ce qui lui reste de temps à se plaindre (Victime) et à médire (Persécuteur) à l'égard de ceux qui l'entourent.

• Sans toi

Jeu souvent conjugal (« Je t'ai sacrifié mes meilleures années. Sans toi, j'aurais pu... »).

• Schlemiel ou **Le gaffeur**

Bernard renverse le cendrier sur le tapis. Denise *sent (de façon vague)* que si elle rouspète, Bernard s'en ira triomphant et, au lieu de manifester sa désapprobation, l'excuse.

Berne considère que le joueur de Schlemiel joue un jeu de défi dont l'objectif final est « Je peux mal me comporter, ils devront tout de même m'excuser ». Bernard peut Persécuter, Denise le Sauvera.

• L'alcoolique

Peut permettre à beaucoup de personnes d'intervenir (donc de participer à ce jeu psychologique) en empruntant l'un des trois rôles dramatiques : Persécuteur, Sauveteur, Victime.

Alceste (la Victime) se met à boire parce que, selon lui, la Vie – ou les autres – le Persécutent.

Le barman, ou Simone — sa femme — se mettent à le consoler (Sauveteurs). Même le médecin de famille « joue » ce rôle. Souvent, ce dernier *parvient à arracher* Alceste *à sa mauvaise habitude* (Sauvetage de la part du médecin qui « ignore » qu'il faut plus qu'une aide médicamenteuse pour guérir un alcoolique)... jusqu'au jour où on retrouve Alceste *dans le ruisseau* (Alceste à nouveau Victime).

Et tout peut recommencer plusieurs fois.

Sans compter qu'entre-temps, Simone, le médecin de famille — et parfois même le barman — ne manqueront pas de Persécuter Alceste : « Tu n'as pas honte ? Quelle vie tu nous fais mener ! »

• Gendarmes et voleurs

De par son titre, on devine l'enracinement dans l'enfance. Mais regardez autour de vous combien d'adultes cherchent — selon la dynamique de ce jeu — à provoquer quelqu'un (qui devient alors pourchasseur-Persécuteur) et les premiers deviennent alors de « pauvres » Victimes. C'est bien à ce « jeu » — et celui-ci démontre bien une certaine inadéquation de ce mot — que jouent les véritables gangsters...

• J'essaye seulement de vous aider

Fanny est secrétaire. Elle prépare la salle de conférence où son chef de service doit faire un exposé. Comme il lui a demandé de préparer la salle et le matériel, elle s'agite sans arrêt et tourne autour de lui comme une abeille : « Les transparents sont bien à côté du rétroprojecteur, Monsieur Delastre ! Voulez-vous que je remplisse déjà les carafons d'eau ? Les stores, les préférez-vous levés ou descendus ? » Fanny déploie un zèle excessif (position de Sauveteur). Cela irrite Delastre, qui en devient Persécuteur : « Aaah, vous alors, ce que vous êtes agaçante, à la fin... ! »

Fanny peut persécuter Delastre en le culpabilisant : « Ah ! Vous savez... Moi, je faisais cela uniquement pour vous aider !

• Tribunal (au moins trois joueurs)

Victor s'arrange pour faire tourner la discussion sur l'attitude de Josiane, qu'il critique alors sérieusement (Persécuteur).

Christine intervient alors pour défendre Josiane qui n'est pas là (Sauveteur).

Ce genre de « jeu psychologique » peut durer longtemps. Jusqu'à ce que quelqu'un donne raison à Victor.

• **Vous êtes merveilleux, M. Tartenpion** (ou **viol intellectuel**)
Gilbert « s'arrange » pour demander conseil à Camille Tartenpion, sur une question que Camille ne maîtrise pas parfaitement. Après avoir donné une réponse – seulement à moitié adéquate – Camille devient Victime lorsque Gilbert lui démontre cyniquement l'inadéquation de son conseil. Gilbert, ironique (donc Persécuteur), « Vous êtes formidable, Monsieur Tartenpion ! »

• **Défauts**
Le jeu appris dès le plus jeune âge? Certains couples y « jouent » toute leur vie. Quelqu'un Persécute une Victime, en cherchant ses défauts. Certaines personnes jouent à cela en permutant régulièrement les deux rôles.

• **Battez-vous!** (au moins trois joueurs)
Un jeu très insidieux au cours duquel quelqu'un va « s'arranger » pour créer la zizanie entre deux personnes au moins.

Insidieux parce que jamais personne n'exprime ouvertement son objectif: faire que les autres se « battent » entre eux.

Un combat psychologique, la plupart du temps.

Les jeux décrits dans le chapitre 6 qui précède sont appelés : « Oui, mais... » pour le jeu mettant en présence Jules et Louis. « Au viol ! » pour le jeu – à forte composante sexuelle – des Dutronc.

Nous terminerons par deux jeux psychologiques difficiles à considérer comme tels par ceux qui les pratiquent. (Le caractère « volontaire » de ceux qui s'y engagent est tellement inconscient.)

• **La scène**
Deux personnes « s'arrangent » pour se disputer, dans des rôles complémentaires de Persécuteur et de Victime.

Berne nous dit que la toute grande majorité des « disputes », des « scènes » sont des jeux psychologiques permettant aux protagonistes d'éviter de s'occuper des vrais problèmes qu'il y a entre eux, et de recommencer souvent.

• **Stupide**
Un jeu qu'il est difficile de ne pas «jouer» au moins une fois dans sa vie. Une personne «s'arrange» pour faire «quelque chose» qui met une autre en situation de lui dire «Tu es stupide!»

Comme déjà expliqué dans le chapitre précédent, le grand «avantage» des jeux psychologiques, c'est qu'ils ne mettent pas l'Etat Adulte des personnes en présence, aux commandes. Les vrais problèmes ne sont pas abordés, parce que les Etats du Moi qui envahissent la personne dans ces types de situations sont généralement l'Enfant – souvent Victime – et le Parent – souvent Persécuteur ou Sauveteur. On pourra donc jouer des heures durant. (Et le monde des affaires qui aime donner des leçons d'efficacité n'échappe pas à l'emprise des jeux.) On aura vécu des moments intenses, mais on n'aura rien résolu.

Et nous aimerions terminer ce long chapitre – et ses notes complémentaires – consacré aux jeux psychologiques par une dernière citation de «Des Jeux et des hommes»:
«Tandis que j'écris ces lignes, un cloporte traverse mon bureau. Si je le retourne sur le dos, je peux le voir âprement se démener pour se remettre sur ses pattes. Pendant ce temps, il a un but dans la vie. Il est permis de l'imaginer racontant son histoire à la prochaine assemblée des cloportes. Pourtant, à sa fierté, se mêle une certaine déception. Maintenant qu'il a "réussi", la vie lui semble sans but.»

Saurons-nous tirer la leçon de ce que – non seulement le grand psychologue – mais aussi le grand philosophe qu'était Eric Berne nous donne avec cette petite fable?

A savoir qu'il vaut mieux utiliser ses énergies à résoudre les problèmes (il y en a tellement) qu'à se laisser aller à «fonctionner» comme nos milieux éducatifs nous y ont entraînés, c'est-à-dire à beaucoup se plaindre (Victime), à se distinguer en cherchant à se faire bien voir des autres en «devinant» leurs besoins (Sauveteur) ou en médisant, critiquant, agressant (Persécuteur)!

7

QUE SAVONS-NOUS DÉJÀ?

1. Que notre Moi — la partie de notre psychisme la plus accessible à notre conscient — est trinitaire, c'est-à-dire qu'il se subdivise en **trois Etats du Moi :**

• **L'Etat Parent** — lui-même subdivisé
en **Parent Normatif** (positif: qui instruit des règles indiscutables; négatif: qui agresse les autres — rôle **Persécuteur**)
et en **Parent Bienveillant** (positif: qui aide, encourage, soutient, réconforte; négatif: qui surprotège — rôle **Sauveteur**).
• **L'Etat Adulte** (positif: qui informe et s'informe, qui analyse, qui réfléchit; négatif: uniquement quand il ne sait pas « déconnecter » dans une situation qui le demande).
• **L'Etat Enfant,** subdivisé en
— **Enfant Libre** (positif: qui exprime spontanément ses désirs, ses sentiments; négatif: quand cette spontanéité ne respecte pas l'autre).
— **Enfant Intuitif** *(Petit Professeur)* (positif: source de connaissance non rationnelle, source de créativité; négatif: comme pour l'Enfant Libre).
— **Enfant Adapté Soumis** (positif: respecte les règles sociales; négatif: se soumet jusqu'à adopter le rôle de **Victime**).
— **Enfant Adapté Rebelle** (positif: ne s'en laisse pas remettre, élément de construction de l'assertivité per-

sonnelle — voir chapitre 5 IIe; négatif : facilement destructeur des relations et des choses — alors **Persécuteur**).

2. Que nous échangeons à partir de ces 3 Etats des **transactions** avec les autres.

Qu'il n'est pas tout à fait possible de considérer qu'il existe de mauvaises transactions.

Bien que celui qui peut émettre des transactions Parent Bienveillant-Enfant et échanger des transactions Adulte-Adulte et Enfant-Enfant a plus de chance d'atteindre réussite et bonheur dans l'existence que les gens qui émettent souvent des transactions Parent Normatif-Enfant ou Enfant Adapté (Victime) vers le Parent Bienveillant de l'autre.

Que les transactions **à double fond** (à sous-entendus) sont l'une des sources les plus fréquentes de difficultés entre humains.

3. Que l'un des besoins les plus essentiels des êtres humains est ce que l'AT a appelé le besoin de **strokes** (mot anglais signifiant à la fois caresse *et* coup). Que ceux-ci existent sous forme positive (compliment, caresse, reconnaissance positive) ou négative (coup physique ou psychologique, reconnaissance négative). Que, faute de mieux, les humains agissent comme s'ils « préféraient » des strokes négatifs que pas de strokes du tout.

4. Qu'il existe 6 façons de vivre (et de gérer) le temps (que l'AT appelle **structuration du temps**) :
1. Le **retrait** ou absence de contact avec d'autres.
2. Le **rituel** ou échanges de prise de contact — échanges très programmés, et souvent courts.
3. Les **Pastimes** ou échanges d'avis (et souvent, de préjugés) très programmés (utiles à la vie sociale) de durées variables.
4. Les **activités** ou échanges nécessaires à la réalisation de tout objectif (important, comme dans le travail, ou

moins important, comme dans la recherche d'une simple information ou la réalisation de tâches simples).
5. Les **jeux psychologiques** faits de transactions à double fond. Echanges vécus à partir des rôles Persécuteur, Sauveteur ou Victime, alors que cela ne transparaît pas clairement dans les transactions « visibles ».
6. La **proximité** ou échange spontané, souvent chaleureux.

Le fondateur de l'AT pense que la proximité est l'échange humain le plus satisfaisant, mais que nombreux sont les êtres humains qui ne la vivent pas facilement, recherchent dès lors l'intensité de contact dans les autres types de transactions.

8

QUELS « TIMBRES PSYCHOLOGIQUES » COLLECTIONNEZ-VOUS ?

Après les jeux, voici les timbres psychologiques.

De quoi s'agit-il ?

E. Berne, qui apprenait beaucoup en observant ses patients, fit la remarque suivante.

Il existe un parallèle entre la façon dont beaucoup de gens gèrent, « s'occupent » de leurs sentiments et la façon dont on collectionne les timbres-cadeaux.

Les timbres-cadeaux, ce sont ces timbres que de nombreux commerçants fournissent en lieu et place de ristournes.

Ce sont, en fait, des ristournes délayées dans le temps et qui permettent aussi de « délayer » la ristourne.

Mais ce n'est pas tellement sur ces derniers plans que se situe l'intérêt de l'analogie.

Là où Berne, toujours à la recherche d'images claires pour le grand public, voit un parallèle intéressant à faire, c'est davantage dans la façon dont la plupart des gens remplissent leurs carnets de timbres-cadeaux.

En effet, cela semble obéir à quelques règles que chacun se fixe (assez) librement.

Certaines personnes font des achats par très petites tranches – et semblent prendre plaisir à remplir leurs carnets petit à petit — tandis que d'autres semblent épargner leur argent pour pouvoir acheter en une ou deux fois des marchandises qui leur permettront d'obtenir beaucoup de timbres à la fois.

Mais c'est surtout à l'autre bout de l'opération (échange des timbres contre des cadeaux) que l'on assiste à une grande variété de comportements.

Certains se précipitent chez le commerçant dès qu'ils ont atteint un nombre de timbres (ou de points) suffisant pour les échanger contre un petit cadeau.

Tandis que d'autres vont attendre... pour les échanger contre de gros cadeaux.

Nous avons déjà souligné — et vous n'avez certes pas attendu de lire cet ouvrage pour constater par vous-même — combien l'expression des sentiments et des pensées ne semble pas une chose facile pour beaucoup de nos contemporains.

Et Berne fait, une fois de plus, une observation intéressante.

Plutôt que d'exprimer spontanément leurs sentiments (ce qui serait préférable pour leur santé physique sûrement, et psychique probablement), la plupart des gens — du moins dans notre monde occidental (dit) civilisé — se comportent avec leurs sentiments comme ils se comportent avec leurs collections de timbres-cadeaux.

Un exemple :

P. Durant constate une erreur de classement dans le travail de sa secrétaire. Cela le contrarie, mais il ne dit rien. E. Berne nous dit que, secrètement, il colle un « timbre gris » dans son carnet « Secrétaire ». Plus tard dans la journée, son chef fait une remarque désobligeante en réunion. Il ne dit rien... mais colle un autre timbre gris dans son carnet « Chef ». Le soir, il ne dit pas son sentiment à sa femme, parce qu'elle n'a pas tondu la pelouse, comme elle l'avait promis. Il colle un dernier timbre gris, cette fois dans son carnet « Epouse ».

Le lendemain, il constate que sa secrétaire n'a pas expédié une lettre importante, il colle un deuxième timbre gris dans son carnet « Secrétaire ». Le soir, il n'est pas très satisfait du repas que lui a préparé sa femme. Il ne dit rien et colle un timbre. Le troisième jour, son patron le convoque tôt le matin et le réprimande à propos d'un envoi mal expédié. Il ne dit rien, et colle un nouveau timbre dans son carnet « Chef ».

En retournant à son bureau, Pierre arrive au moment où sa secrétaire vient de renverser le contenu de sa corbeille à papier. Il l'engueule copieusement : « C'est toujours la même chose avec vous, Suzanne ! Vous faites tout de travers ! On ne peut compter sur personne ! » La secrétaire éclate en sanglots : « Pourquoi est-ce toujours à moi qu'il en veut ! » Pierre surenchérit : « Et tout ce que vous trouvez à redire, c'est de pleurer. »

Analyse :
En constatant l'erreur de classement du premier jour, Pierre aurait pu le signaler avec son Adulte à Suzanne, sa secrétaire. En lieu et place, il « colle » son premier timbre dans le carnet réservé à sa secrétaire.

Au cours de la réunion qui a lieu plus tard et où il se fait critiquer devant ses collègues, il aurait pu faire une demande avec son Adulte : « Je n'apprécie pas cette remarque, Monsieur Ingmar, et je vous demande de réserver vos remarques pour nos tête-à-tête. »

Même chose le soir, avec sa femme. Il aurait pu dire : « Ma chérie, je suis contrarié par le fait que tu n'aies pas tondu la pelouse comme tu l'avais promis. Puis-je compter sur toi pour le faire demain ? » En lieu et place d'exprimer son sentiment spontanément, il « colle » un timbre dans le carnet réservé à son « Epouse ».

Même chose, le lendemain. Il continue à « coller » des timbres dans ses carnets. Le troisième jour, il choisit de ne rien dire devant son chef et « colle » un nouveau timbre.

Mais quand sa secrétaire renverse la corbeille, il éclate. Cela veut dire que, dans la tête de Pierre Durant, trois timbres de la collection « Secrétaire » donnent droit à l'échange contre le « cadeau ». Lequel ? Un solide jeu psychologique où il sera, lui, Persécuteur. Jeu dans lequel s'embarque Suzanne qui va jouer à fond son rôle de Victime.

On ne se tromperait sans doute pas beaucoup en imaginant que le carnet « Epouse » sera probablement échangé contre un cadeau-jeu assez rapidement.

Le carnet « Chef » a, quant à lui, bien des chances de correspondre à une autre comptabilité (sans doute faut-il attendre là une dizaine de timbres avant que Pierre Durant n'échange ses timbres-cadeaux contre un jeu psychologique qu'il abordera probablement en position de Victime).

Le système des timbres psychologiques est vieux comme le monde. Regardez autour de vous, et comptez les individus qui ne le pratiquent pas. Il y a beaucoup à parier qu'une seule main suffira à les compter.

L'ennui — et la source de beaucoup de malentendus, donc de mésententes — c'est que la plupart des gens qui « collent des timbres gris » — pas plus qu'ils n'expriment les « choses » quand elles se passent — ne donnent pas d'information sur leur système de comptages.

Et il faut du temps à la secrétaire de Pierre Durant pour savoir quand et comment son chef « colle » ses timbres dans son carnet « Secrétaire ».

Et ce qui complique terriblement les relations humaines, c'est que Suzanne a aussi un carnet « Chef » dans lequel elle colle ses timbres, de même que le patron de Pierre Durant a probablement, lui aussi, un carnet réservé à Pierre Durant. De même que Madame Durant a aussi son carnet « Epoux » !

Les choses se compliquent encore, si l'on considère que bon nombre de gens appliquent un système de comptage « global » : tous leurs timbres sont collés dans un seul carnet « global » ! Ce sont d'ailleurs de grands « joueurs de jeux psychologiques ».

Quelle horreur ! penseront certains.

L'Analyse Transactionnelle ne peut-elle que décrire des choses aussi tristes ?

Elle les décrit bien sûr, mais pour mieux y échapper.

Pour vivre des relations OK-OK (explication au chapitre 12), des relations heureuses avec les autres, des relations épanouissantes, des relations dans lesquelles on utilise ses énergies à résoudre les problèmes plutôt qu'à « jouer » des jeux destructeurs.

Que faut-il faire pour cela ?

Vous possédez déjà quelques éléments de réponses.

Nous en fournirons encore d'autres dans les chapitres suivants.

Ce que ce chapitre sur les collections de timbres gris nous enseigne, c'est l'immense pouvoir* de notre Etat Enfant à créer avec les autres des transactions « fructifiantes » et — n'ayons pas peur du mot — efficaces.

Il suffit d'examiner avec notre Adulte quelles sont les peurs dans notre Enfant qui nous empêchent d'exprimer plus spontanément nos sentiments, nos ressentis, nos réactions.

Cette analyse — quand on se décide à la mener sérieusement — ne permet pas à ces peurs de résister !

Compte également pour beaucoup avant de changer, l'examen par notre Adulte des interdits contenus dans notre Parent au sujet de l'expression spontanée des sentiments, les « Ça ne se fait pas ! », les « Un homme, ça ne pleure pas ! », les « Une vraie femme doit se montrer toujours gentille, donc ne se met pas en colère ! », les « Sentiments, ça doit être dominé ! ».

Il ne s'agit pas de remplacer ces normes par l'unique « Exprime toujours — en tout lieu et en tout temps — la totalité de tes sentiments » (revoir à ce sujet le commentaire sur le rôle négatif d'une personne qui tout cela et de serait toujours dans son Enfant Libre, p. 34). Il s'agit, rappelons-le une fois encore, de confier

---

* Les immenses pouvoirs qui sont en nous, mais que la société — par nécessité, a beaucoup fait taire...

l'examen de prendre les bonnes décisions avec notre Adulte.

En n'oubliant pas que l'expression plus spontanée des sentiments — qui n'est pas tellement d'usage dans nos sociétés — est un élément favorisant la santé mentale et physique.

Alors, est-ce si difficile ?

Une bonne manière d'agir est d'observer autour de nous des personnes qui expriment facilement leurs sentiments.

Votre Adulte sera stupéfait de réaliser combien cela rend aussi la vie plus facile.

Les gens qui vivent ainsi ont-ils reçu des « dons » particuliers ? Est-ce une question de milieu ?

Certes, ceux qui ont été élevés dans un milieu* éducatif qui favorise l'expression des sentiments (encore assez rares en cette fin du XXe siècle) ont sans doute une « longueur d'avance ». Mais il n'est pas aussi « impossible » que ce n'est écrit dans notre tête de les rattraper !

Alors, partant ?

* Milieu, qui n'a presque rien à voir avec la notion de milieu social. Il y a presque autant de gens « coincés » dans toutes les catégories sociales.

9

DES MESSAGES D'AIDE QUI EMPOISONNENT NOTRE EXISTENCE : LES MOTS D'ORDRE

(DRIVERS OU MESSAGES CONTRAIGNANTS)

Nous continuons notre découverte des éléments qui contribuent à façonner nos personnalités et qui s'avèrent particulièrement ambivalents : les **mots d'ordre.**

Des messages généralement transmis par l'Etat Parent de nos aînés et destinés à façonner notre Enfant Adapté. Et, pour être très strict, il faut encore dire que ces messages s'inscrivent également dans notre propre Parent (dans le but de les ré-émettre à notre tour pour tenter de façonner l'Enfant Adapté de ceux qui nous entourent).

De quoi s'agit-il ?

Observez Jacqueline : à tout moment de la journée, elle sourit à ceux qu'elle rencontre. Secrétaire, elle se précipite au-devant des besoins (qu'elle imagine) de son chef. Elle reçoit les gens comme des princes. Comme si une petite voix (dans sa tête) lui disait – depuis longtemps : « Fais plaisir aux autres, montre-toi dévouée ! »

Observez Philippe : il réagit aux demandes de son patron en mettant l'accent sur le fait qu'il va peiner pour exécuter ses ordres. Comme si une petite voix lui disait : « Montre que tu fais un effort ! »

Observez Didier : il court toujours, part même en retard... pour pouvoir « se dépêcher » en route. C'est le lapin d'Alice. Comme si une petite voix lui disait, continuellement : « Dépêche-toi ! »

Observez Marcel : il ne parle que très rarement de lui-même, et préfère se tenir à l'écart — sauf quand c'est la fête, où il fait alors — exagérément — le fou. Comme si une petite voix dans sa tête lui disait : « Montre-toi fort ! »

Observez encore Robert : il vérifie dix fois si tout est en ordre pour sa conférence. Quand il parle, il explique les mots (qu'il croit) difficiles. Comme si une petite voix lui disait : « Sois parfait ! »

Et vous ? Face aux autres, surtout quand la situation est légèrement tendue, que vous dit votre « petite voix » pour vous sortir de la situation ?

Les cinq mots d'ordre que nous avons cités dans les cinq exemples ci-dessus existent bel et bien dans nos têtes. Ce sont des « messages » enregistrés dans notre esprit d'où ils vont intervenir comme des « voix » nous dictant quel comportement adopter face aux autres et pour faire face aux circonstances « stressantes » de notre vie.

Des messages Parent qui sont littéralement « gravés » dans nos Etats du Moi Parent — en tant que normes — et Enfant (Adapté) — en tant que comportement réflexe.

En obéissant aux mots d'ordre, nous nous (sur)-adaptons aux directives de nos aînés.

C'est Taïbi Kahler, un transactionnaliste de la troisième génération, qui publie vers 1970 un premier article concernant les mots d'ordre.

En anglais — Kahler est Américain — il baptise ces « messages » bien particuliers du nom de **drivers**, dont la traduction la plus littérale aurait sans doute été « messages conducteurs ». Est-ce par un effet de la vieille psychologie européenne — davantage portée à étudier les limites et les dérives du psychisme humain – que les transactionnalistes francophones vont choisir l'expression **messages contraignants?**

Caractéristiques relatives aux mots d'ordre

1. Sois parfait

Signification : il vaut mieux faire les choses parfaitement (ne rien laisser au hasard, considérer tous les détails).

Comportement : sous l'influence de ce mot d'ordre, quelqu'un vit dans l'anxiété de ne rien oublier, recommence les choses plusieurs fois, est tendu, cherche à contrôler tout ce qui se passe. Agit comme un « vrai bourreau de travail », très exigeant à l'égard des autres.

Croyance erronée et destructrice : un être humain peut faire les choses à la perfection.

2. Fais Plaisir

Signification : il vaut mieux être bien avec les autres et, pour cela, se montrer dévoué, aimable, gentil à leur égard.

Comportement : sous l'influence de ce mot d'ordre, quelqu'un agit pour satisfaire les autres, quitte à faire des choses qui ne lui conviennent pas, quitte à le regretter par la suite. Se frustre beaucoup lui-même pour ne pas décevoir. N'ose pas refuser, dire « Non » et peut transformer la présentation de la réalité pour ne pas risquer d'être désagréable.

Croyance erronée et destructrice : il y a moyen de faire plaisir à tout le monde.

3. Essaye plus fort

Signification : il est important de montrer qu'on essaye avec acharnement.

Comportement : sous l'influence de ce mot d'ordre, quelqu'un considère que les efforts montrés à faire quelque chose sont ce qu'il y a de plus important. Ira même jusqu'à compliquer les choses, essaye d'être plaint, facilement nerveux, voire agité. Se conduit souvent en adversaire rebelle (... est facilement « contre »).

Croyance erronée et destructrice : quelqu'un qui en « bave » finit toujours par réussir.

4. Sois fort ou **Ne montre rien** (de ce que tu ressens ou de ce que tu penses)

Signification : il est préférable d'être méfiant à l'égard des autres.

Comportement : sous l'influence de ce mot d'ordre, quelqu'un se montrera très réservé (ne montre rien de ce qu'il ressent et — même, assez souvent — de ce qu'il pense). Montre une façade, même dans la joie. Peut aussi prendre des risques démesurés.

Croyance erronée et destructrice : c'est important de faire croire qu'on est fort.

5. Dépêche-toi

Signification : mieux vaut aller vite (ou se montrer pressé) que de prendre son temps.

Comportement : court, s'agite, déplace beaucoup d'air (à cause de ses mouvements et de sa façon de parler), souhaite entraîner les autres dans le tourbillon, arpente les pièces; tonus en dents de scie — fatigué — dynamique — fatigué — dynamique — traîne pour s'obliger de courir.

Croyance erronée et destructrice : on ne fait bien les choses que vite.

Comme nous l'avons dit, les mots d'ordre présentent incontestablement un caractère positif : en situation tendue, délicate ou de stress, ils sont des « bouées de sauvetage ». Ils nous indiquent « comment réagir ». La durée d'agissement du mot d'ordre peut être brève mais on peut constater qu'une même personne y reviendra plus tard.

Chacun se comporte dans la vie en manifestant tous les mots d'ordre (selon les circonstances et l'évolution personnelle) **mais il y en a un ou deux qui dominent.**

La façon (comportement) d'appliquer le mot d'ordre varie selon les personnes et les circonstances : la manière de chercher à faire plaisir n'est pas la même dans un milieu favorisé que dans un milieu défavorisé.

On peut considérer que l'aspect le plus négatif des mots d'ordre est qu'ils empêchent quelqu'un de réagir aux circonstances et aux autres de manière détendue — en osant être soi-même.

Et, de par ce fait, d'être un frein sérieux au développement et à l'épanouissement personnel.

Et ceci, d'autant plus que les mots d'ordre créent une illusion très répandue d'être **la** solution à pas mal de problèmes de l'existence.

Et, selon le mot d'ordre le plus présent dans leur tête au moment d'une discussion (à un cocktail par exemple), on entendra les gens dire que le monde, les choses, le gouvernement iraient mieux si...

— tout le monde était plus gentil (Fais plaisir);
— les gens ne perdaient pas tellement de temps (Dépêche-toi);
— les gens n'avaient pas peur de faire un petit effort (Fais effort);
— les gens ne se laissaient pas tellement aller à suivre leurs pulsions, leurs sentiments (Sois fort);
— les gens réfléchissaient davantage (Sois parfait).

Il importe de préciser que, dans la toute grande majorité des cas, les cinq mots d'ordre sont induits chez chacun de nous dans une distribution qui n'est pas égale.

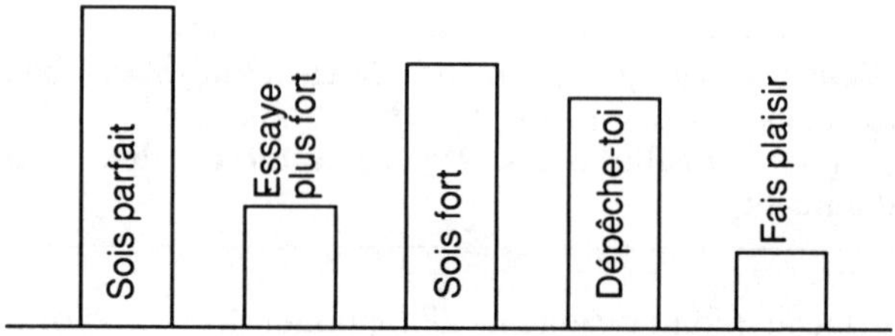

Exemple de distribution des mots d'ordre dans la tête de Pierre.

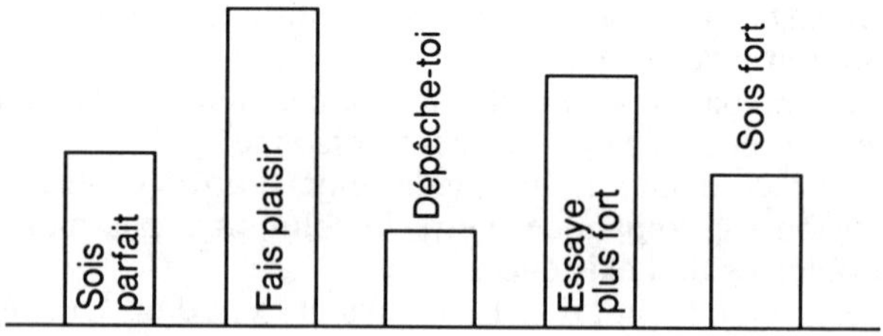

Exemple de distribution dans la tête de Julie.

▶ TEST DE COMPRÉHENSION DU CHAPITRE 9

Dans les situations suivantes, René réagit sous la domination d'un mot d'ordre. Pouvez-vous reconnaître lequel ?

		Sois parfait	Fais plaisir	Fais effort	Sois fort	Depêche-toi
1.	*Il relit trois fois son exposé.*					
2.	*Il sourit à son patron qui vient cependant de le tancer.*					
3.	*Il roule à 140 sur l'autoroute… parce qu'il est parti trop tard de chez lui.*					
4.	*Il dit : « J'ai pourtant essayé de nombreuses fois avant de m'y prendre ! »*					
5.	*Il retient ses larmes à l'enterrement de son ami Yvan.*					
6.	*On l'entend faire : « Eee… eee… » dans une interview.*					
7.	*Il fait beaucoup de parenthèses, même quand il parle.*					
8.	*Il ne bronche pas, dans une réunion où il est mis en cause.*					
9.	*Dans un séminaire, il se précipite vers le bar, afin d'offrir à boire à ses collègues.*					
10.	*Il fait recommencer une lettre plusieurs fois, par sa secrétaire.*					

CORRECTION COMMENTÉE

1. Sois Parfait.

2. Fais plaisir. En effet, sourire alors qu'il vient de se faire tancer est une marque du mot d'ordre « Fais plaisir à l'autre » avant tout, en priorité à ce qu'il ressent au fond de lui-même. Berne appelle ce sourire ou, lorsqu'il s'agit carrément d'un rire, « **rire du gibet** » par analogie aux pendus de Londres que la foule allait voir et qui – les pendus – faisaient un baroud d'honneur et tentaient de faire encore rire, juste avant de mourir. Cela se passait à la fin du Moyen Age.

3. Dépêche-toi.

4. Fais effort. La personne, sous l'effet de ce mot d'ordre, attache beaucoup d'importance à montrer sa bonne volonté et les efforts qu'elle a faits.

5. Sois fort. Ne montre rien de ce que tu ressens.

6. Les « eeh… » sont un message inconscient destiné à montrer que l'on fait des efforts.

7. Sois Parfait. Sous l'effet de ce mot d'ordre, la personne rajoute des explications supplémentaires. Des parenthèses, verbales ou écrites.

8. Sois Fort.

9. Cette situation décrit la combinaison presque simultanée des mots d'ordre Dépêche-toi et Fais plaisir.

10. Sois Parfait.

POUR CEUX QUI VEULENT EN SAVOIR PLUS

Sur la base de ses découvertes, T. Kahler a édifié un modèle typologique de personnalité, certes passionnant et original, mais qui ne fait pas l'unanimité dans les milieux transactionnalistes. Eminemment pratique, ce modèle rencontre — sous le nom de **Process Communication*** — un succès certain dans les milieux d'affaires.

Nous nous bornerons à n'en rappeler que les aspects que notre propre pratique a pu retenir comme particulièrement pertinents.

Premier point spécialement appréciable dans les formations données en organisations, Kahler sélectionne pour son modèle les cinq types de transactions positives qu'il nomme les **cinq canaux de communication :**

Canal 1 — Interruptif (transaction Parent Normatif-Enfant) dont l'usage est relativement limité à la sauvegarde de l'autre :
exemple : Attention ! (sous-entendu, à ne pas te blesser).

Canal 2 — Directif (transaction Parent Normatif-Adulte)
exemple : Faites-moi cinq copies de ceci.

Canal 3 — Informatif (transaction Adulte-Adulte)
exemple : Où se trouve le dossier Martin ?

Canal 4 — Bienveillant (*Nourricier*) (transaction Parent Bienveillant-Enfant)
exemple : Quel beau travail, vous avez fait là, Dupont !

Canal 5 — Emotif-Réactif (transaction Enfant-Enfant)
exemple : Chouette ! Déjà la pause ! Viens prendre un café avec moi.

et, ce qui est particulièrement pertinent, Kahler — avec le concours de P. Ware — observe que certaines personnes « aiment » davantage certains canaux de communication que d'autres et que cette préférence va de pair avec le mot d'ordre dominant de la personne.

Rappelons — on comprendra alors mieux le choix des termes utilisés par Kahler — que ce modèle est surtout destiné aux organisations* :
1. Le **Workahoolic** (Bourreau de Travail) est dominé par le mot d'ordre Sois Parfait et privilégie le Canal 3.
2. Le **Reactor** (Réagissant) est dominé par le mot d'ordre Fais Plaisir et privilégie le Canal 4.
3. Le **Dreamer** (Rêveur) est dominé par le mot d'ordre Sois Fort et privilégie le Canal 2 (en récepteur) et le Canal 3 (en êmetteur).
4. Le **Rebel** (Rebelle) dominé par le mot d'ordre Fais Effort et privilégie le Canal 5.
5. Le **Promoter** (Promoteur de lui-même) manifeste la présence des 5 mots d'ordre et se suradapte en face de tous les canaux (C'est un caméléon).
Kahler propose encore dans son modèle complet un **Persister** (Persistant — Militant) qui conjugue les mots d'ordre Sois Parfait et Sois Fort en privilégiant le Canal 3.

* Voir le livre de T. Kahler, dans Bibliographie.

10

LES INJONCTIONS DONT ON NOUS A ACCABLÉS

DES INTERDITS À TRANSFORMER EN PERMISSIONS

Beaucoup de parents veulent le bien de leurs enfants.

Et ils croient utile et nécessaire — et ce l'est dans une large mesure — de guider, de conseiller leurs petits sur la façon dont ceux-ci ont à se comporter pour devenir à leur tour des adultes sains, responsables et autonomes.

Tous les parents veulent-ils précisément cela? Nous savons bien que non. Tous les parents souhaitent-ils que leurs enfants réussissent leur vie? A cette question, on sait déjà qu'il faut répondre avec nuance. Certains autorisent la réussite de leurs enfants, à condition de ne pas les dépasser! D'autres vont aider leurs enfants à réussir professionnellement, mais pas en amour. Beaucoup — mais vraiment beaucoup — souhaitent que leurs petits deviennent «ce qu'ils ont décidé» — eux, les parents — «que leurs petits doivent devenir».

En cette fin de XXe siècle, il semble bien que de plus en plus de jeunes parents soient capables d'exprimer à leur petit: «Boris, deviens ce que **tu** veux devenir!»

Qui est l'attitude la plus mûre en matière d'éducation. Et surtout, suivi de: «Et nous, tes parents, nous sommes là pour t'aider à devenir ce que tu as vraiment envie d'être.»

Bob et Mary Goulding — des proches de Berne — ont étudié comment des parents — souvent bien intentionnés («puisque ce qu'ils font, c'est pour le bien de leurs enfants, bien sûr!») parvenaient à transformer des petits « princes » en « crapauds » (ces derniers termes sont empruntés par l'AT au monde des contes enfantins avec pertinence). Ils se sont posés la question : « Comment les parents transmettent-ils à leurs rejetons des « messages » voulus positifs, mais qui auront des effets négatifs — et parfois désastreux sur leur progéniture ? »

La réponse est que les parents transmettent des « messages, chargés, souvent ambivalents » — et surtout, dont ils n'ont pas analysé le bien-fondé avec leur Adulte.

Et ces messages véhiculent la plupart des rêves qu'eux-mêmes n'ont pas réalisés, ainsi que les fantasmes qu'ils s'interdisent.

Et bien sûr — n'oublions pas que tout cela se passe inconsciemment ! — pour transmettre ces « messages chargés et ambivalents », les parents n'attendent pas que leur petit se soit constitué un Adulte bien formé mais — bien souvent avant l'âge de 6 ans — la plupart de ces messages auront été transmis d'une façon (généralement) non verbale à partir de leur propre Etat Enfant vers celui de leur petit. Ces messages sont surtout non verbaux, parce que ce sont des craintes, des désirs adressés très tôt à l'Etat Enfant du petit. Ces comportements, le petit les prend pour « argent comptant ».

Une fois de plus, les puristes reconnaîtront des éléments du psychisme déjà mis en évidence par les prédécesseurs de l'AT, mais le grand mérite de Bob et Mary Goulding, c'est d'avoir repéré ces messages, de les avoir « mis en forme » d'une façon qui permette à chacun de les reconnaître dans sa propre existence.

Leur travail, surtout centré autour de la psychothérapie, leur a également permis de mettre au point la thérapeutique la plus adéquate.

- Aux interdits que sont la majorité de ces messages chargés et ambivalents, ils ont donné le nom d'**injonctions.**
- Aux messages permissifs et formateurs qui les contrarient, ils ont donné le nom de **permissions.**

En voici la liste :

Injonctions (interdits)	**Permissions (ou contre-injonctions)**
N'existe pas, ne sois pas toi-même ne fais pas l'important ne prends pas de pouvoir	Existe, ose être toi-même, sois assertif (voir p. 262) prends du pouvoir selon les circonstances
N'agis pas ne prends pas de risque prends le moins d'initiatives	Ose agir, prendre des risques bien calculés, prends des initiatives
Ne réussis pas Ne pense pas	Réussis ce que tu entreprends
Ne réfléchis pas par toi-même, suis des modèles (voir ch. 11)	Réfléchis toi-même, ose dire tes propres idées
Ne grandis pas, ne prends pas de responsabilités, ne reconsidère pas ce que tes aînés t'ont dit	Deviens un adulte, ose prendre des responsabilités et analyser les pensées de ta jeunesse pour ne garder que ce qui est valable.
Ne fais pas confiance, les gens sont dangereux, ne délègue rien, contrôle tout	Fais confiance, tu sais apprécier qui est digne de confiance et qui ne l'est pas, délègue
Ne te mêle pas aux autres, garde tes distances	Intéresse-toi aux autres, sois proche des gens
Ne sois pas de ton sexe, sois comme ton père (ta mère), ton frère (ta sœur)	Sois vraiment un homme (une femme)
Ne sois ni sensible, ni émotif, ne ressens pas	Ressens les choses et les gens, fais confiance à tes émotions et ton intuition
Ne fais pas l'enfant Sois sérieux (le plus souvent possible)	Sois gai et spontané, tu peux t'amuser
Ne sois pas équilibré, commets des choses pour être rejeté.	Sois équilibré, raisonnable

POUR CEUX QUI VEULENT EN SAVOIR PLUS

« Les interdits dont il faut nous libérer ! dites-vous René. Facile à dire !!! » pense Jean-Pierre, lecteur imaginaire. En effet, à la première lecture de ce dernier chapitre ainsi qu'à celle du chapitre concernant les mots d'ordre, il se peut que la lecture de cet ouvrage ait pris, pour vous, soudainement, une allure que vous pourriez qualifier de « dramatisante ».

Et vous n'avez pas tout à fait tort !

En effet, les injonctions et les mots d'ordre — que nous avons tous reçus (et jusqu'à présent, nous n'avons pas encore rencontré d'être humain qui en ait été exempté !) — sont des éléments, repérés par l'AT, qui expliquent bien comment les humains s'y prennent pour fabriquer leurs propres malheurs, pour citer la célèbre phrase de Paul Watzlawicz*.

Leurs propres situations dramatiques.

Sans sous-estimer les conditions sociales, qui constituent — avec les facteurs héréditaires — les éléments sur lesquels notre pouvoir de changement est relativement limité**, l'AT apporte un éclairage intéressant sur les possibilités de changement du destin — du scénario de vie (dirons-nous à partir du chapitre prochain) — de chacun d'entre nous par le concept de **redécision*****.

Chacun, en découvrant dans sa propre vie le poids des injonctions qu'il a reçues, peut en effet redécider d'opter pour la mise en pratique de permissions — nouvelles — en lieu et place des injonctions limitatives qu'il découvre à l'œuvre en lui-même. Seul ? C'est possible (voir à ce sujet le chapitre 1, IIe partie).

En se faisant aider ? C'est en tout cas souhaitable vis-à-vis des injonctions que vous-même, vous jugeriez les plus limitatives, les plus inhibitrices. (Quel est l'homme qui ne ressent pas quelques difficultés dans sa vie professionnelle parce qu'il n'a pas la permission de pleurer ! parce qu'évidemment, comme le disent les Etats Parent : « Un homme — un vrai ! — ça ne pleure pas ! » Et quelle est la femme qui ne se retrouve pas, ne fût-ce que de temps en temps, harassée, parce qu'elle ne peut tout de même pas « ne pas faire plaisir aux autres » !)

---

* P. Watzlawicz, « Faites votre propre malheur », voir Bibliographie.

** Attention au jugement très répandu en cette fin de XXe siècle, consistant à déprécier *tous* les milieux sociaux !

*** Oui, diront les puristes, Freud avait déjà développé le concept de « redécision ». Mais....

11

SELON QUEL SCÉNARIO VOTRE VIE SE DÉROULE-T-ELLE? QUI EN EST L'AUTEUR?

COMMENT INJONCTIONS, PERMISSIONS ET MOTS D'ORDRE S'ASSEMBLENT DANS NOTRE ENFANT ET FORMENT NOTRE SCÉNARIO DE VIE

Destin? Le destin existe-t-il?

Laissons la question aux philosophes. De même que celle concernant l'existence ou non du hasard.

Eric Berne et les transactionnalistes — sans conditionner leur pratique à la réponse préalable à ces édifiantes questions — optent pour la position pragmatique selon laquelle chacun est **davantage maître de sa vie** que des siècles d'obscurantisme ne l'ont inculqué.

Optons, à notre tour, pour la position :

Autant agir d'une façon optimale sur ce qui est en notre pouvoir.

Et — notre expérience le confirme — ce pouvoir est déjà **énorme**.

Libre à ceux qui, face à ce qu'ils appellent les échecs de leurs vies (parce qu'il serait plus exact de parler des «leçons»), préfèrent «croire» au poids du Destin — ou du Hasard , ou à l'inexorable intervention du Démon* — de s'en tenir définitivement à ces croyances.

A «croire», nous préférons «penser»** et opter pour la position prise par les transactionnalistes.

---

* L'AT se veut pluraliste sur les plans moraux, religieux et philosophiques. C'est-à-dire sans étiquette précise.

** Formule citée par Laurent Baeke, poète et philosophe.

Lesquels — sous la conduite d'Eric Berne — ont observé finement comment les injonctions, permissions et mots d'ordre sont associés — il faudrait dire « agglomérés » — dans la tête de chacun pour « modeler » dans l'Etat du Moi Enfant, ce qu'ils ont baptisé un **scénario de vie.**

Qu'est-ce que le « scénario de vie » ?

Pour répondre à cette importante question, donnons la parole à un homme qui a connu Berne et a beaucoup œuvré pour le développement cohérent de l'AT en Europe, Raymond Hostie* :

« Du début à la fin de son livre posthume « Que dites-vous après avoir dit Bonjour ? »,** Berne « pose » une question majeure : l'homme est-il libre ? Peut-il échapper à l'emprise de son scénario ? Dès 1958, Berne met en évidence que l'analyse du scénario est l'objectif ultime de l'Analyse Transactionnelle. Berne y consacre cent cinquante pages à inventorier les influences de tout genre qui contribuent à la genèse du scénario pendant les premières années de la vie puis à son adaptation pendant toutes les années qui suivent. »

Cet inventaire commence par des « influences prénatales comprenant les aspects de l'ambiance dans laquelle l'enfant verra le jour : comment sa famille voit sa progéniture ? Quel rôle attribue-t-elle aux aïeux dont on garde le souvenir vénéré ou honni, attendri ou apeuré ? Comment l'enfant a-t-il été attendu ? Quelle place occupe-t-il dans la fratrie ? Quel nom lui sera donné ? »

Puis, « dès la naissance, les parents introduisent l'enfant dans un monde présenté sous le signe de l'OK (bien) ou du non-OK (mal).

---

* Raymond Hostie, op. cité.

** E. Berne, op. cité.

A chacune des possibilités offertes — à chacun des messages Parent, Adulte et Enfant proposés par les parents uniquement d'abord, puis la famille, puis les premiers « étrangers », etc. — le petit « aura à réagir en prenant position, soit qu'il se rallie au message de bon ou mauvais gré, soit qu'il s'y oppose ouvertement ou secrètement. »

Nous parlons ici de l'ensemble des transactions que les aînés — dont le cercle ne va cesser de s'élargir — transmettent au petit (à la petite) grandissant(e).

Le choix du terme **scénario** s'explique de la manière suivante.

Les injonctions, les permissions et les mots d'ordre sont les messages les plus déterminants de l'existence d'un être humain. Ces messages qui, rappelons-le, proviennent de l'Enfant des parents — pour les injonctions et les permissions — et du Parent des parents — pour les mots d'ordre — **pèsent** d'un poids tellement lourd dans la constitution des personnalités, que l'AT les a baptisés « scénario » parce que tout comme la trame d'un ouvrage, le scénario d'une pièce de théâtre ou d'un film, ils constituent la description du caractère du personnage principal, la description de quels types de personnes le personnage principal va-t-il rencontrer, lesquels va-t-il aimer, détester, être indifférent, que va-t-il faire, qui sera-t-il (un médecin, un commis voyageur, un gangster ou un grand politicien ?).

Et l'AT observe qu'il y a toutes sortes de scénarios*.

---

* Pour un aperçu complet des types de scénarios, voir E. Berne « Que dites-vous après avoir dit Bonjour ? », Tchou, 1978.

Les 3 grandes catégories de scénarios

• Le scénario GAGNANT

Le mot « gagnant » ne signifie pas qui gagne *contre* les autres au grand jeu de la vie, mais plutôt qui *gagne* sa vie au sens complet, c'est-à-dire non pas limité à l'aspect matériel selon lequel cette expression est habituellement employée.

Celui qui reçoit — ils sont rares ! — ou celui qui accède à — ils sont de plus en plus nombreux — un scénario gagnant est la personne qui réalise les objectifs qu'elle s'assigne elle-même, dans des relations positives avec les autres, avec le monde et avec elle-même.

Ce qui ne veut pas dire — comme nous l'avons déjà dit plusieurs fois dans cet ouvrage — qu'elle ne rencontre pas de problèmes, mais elle consacre assez bien de son temps et d'énergie à apprendre des autres comment on règle les problèmes matériels et comment on règle les problèmes de relations.

Elle se caractérise aussi par le fait de ne pas craindre d'être authentique et spontanée. Elle ne craint pas non plus la proximité.

Enfin, elle s'autorise à ne pas être « gagnant » 24 h sur 24 !

• Le scénario NON-GAGNANT

Les personnes qui vivent avec un scénario non-gagnant sont très nombreuses. Elles vivent un peu à l'ombre des gagnants. S'en inspirant parfois, les admirant souvent, se cachant presque toujours. « Je voudrais bien être gagnant, mais c'est si difficile... mais... ce n'est pas pour moi ? Qu'en dirait mon père... ma mère... mon conjoint. »

Passent beaucoup de leur temps dans des « activités », des jeux psychologiques.

• Le scénario PERDANT

Très (trop) nombreux sont encore les gens qui reçoivent un scénario perdant. Ils sont désabusés, ne croient pas en grand chose, font beaucoup — mais n'ont pas bien l'air de le savoir — pour rater beaucoup. Passent presque tout leur temps dans les jeux psychologiques (rôles Persécuteur et Victime).

Dans l'édification d'un scénario de vie, il n'y a pas que les influences parentales qui vont peser d'un poids important.

Comme nous l'avons déjà dit, la perméabilité du petit d'homme aux messages constructeurs de son scénario s'explique parce que ces messages constituent les premières réponses — et c'est précisément parce que ce sont les premières, émises avant l'âge où le petit devient capable de construire ses propres capacités d'analyse et de jugement (c'est-à-dire ± 8 ans), que cette perméabilité est si forte.

Mais, en plus des messages transmis par l'Enfant des aînés, il y a « ceux » — encore moins directs (parce qu'« émis » à l'intention du grand public) — proposés par les légendes, les mythes et surtout, depuis un quart de siècle, par les médias (théâtre, cinéma, TV, magazines).

Dans **tous** ces messages, le petit grandissant trouve des éléments de réponse à une question importante (qui le poursuit parfois très tard) : Qui suis-je ? Comment quelqu'un comme moi doit-il être (dans la vie et avec les autres ?) Qu'arrive-t-il à quelqu'un comme moi ?

Les 7 modèles de personnalité de la dernière décennie du XXe siècle

Après avoir discuté avec Taïbi Kahler (concepteur du programme « Process Communication ») et Meyer Ifrah (concepteur du programme « Les 2 L (la Loi et le Lien)*, nous avons pensé que l'adolescent et l'homme adulte subissaient la pression de l'ensemble des moyens éducatifs (y compris les médias).

Cet ensemble de moyens propose, de fait, **sept modèles dominants** — auxquels nous avons donné, dans l'esprit de Berne, les noms utilisés dans la vie courante. Ce sont

1. Le Battant (correspond assez bien à une combinaison de Promoteur et du Bourreau de travail chez T. Kahler — axé sur l'ordre de la Loi chez M. Ifrah — mots d'ordre dominants : Sois Fort et Sois Parfait) dont le chef d'entreprise, le cadre dynamique ou le sportif « qui veut gagner à tout prix » sont les figures de proue (exemples : B. Tapie, J. Mc Enroe).

2. Le Soumis ou Suiveur (correspond assez bien au Rêveur de T. Kahler). Ont surtout été soumis à l'injonction « Ne te fais pas remarquer » et dont la devise semble être « Pour vivre sans histoire, vivons cachés ». Beaucoup de soumis ne se sont résolus à le devenir qu'après avoir essayé — et raté — de ressembler à d'autres modèles. Pas de personnalités connues — forcément !

3. Le Dévoué ou très fréquemment La Dévouée — parce que ce modèle est davantage proposé aux fem-

* Le modèle « Loi et Lien (Les 2 L) » de Meyer Ifrah est un développement original de son auteur selon lequel les individus se caractérisent par l'appartenance à deux grandes catégories de préoccupations et de comportements — dans leurs rapports avec la vie et les autres.
1) Ceux pour qui prédominent l'approche normative des choses, la compétition pour le pouvoir (Dynamique de la Loi)
2) Ceux pour qui prédomine l'approche affective de choses (Dynamique du Lien)

mes dans la société occidentale – (correspond assez bien au Réagissant de T. Kahler – axé sur l'ordre du Lien, chez M. Ifrah). Injonction : « Ne sois pas toi-même », mot d'ordre : « Fais plaisir ». Devise cachée : « On n'est pas sur Terre pour soi-même mais pour être au service des autres. »

4. Le Rebelle, abondamment proposé par le cinéma et le roman. (Rebelle, chez Kahler – Loi – pour en prendre le contre-pied systématique – chez Ifrah). Mot d'ordre dominant : « Fais effort ! »

Devise cachée : « Pourvu qu'ça bouge ! »

Beaucoup finissent en prison ou à l'hôpital.

5. Le Roublard (ou Rusé) ou Manipulateur – à noter qu'il ne se considère pratiquement jamais comme tel. Combinaison du Promoteur et du Rebelle chez Kahler. Ordre de la Loi – pour la défier, chez Ifrah.

Mots d'ordre dominants : « Sois Fort » et « Fais effort ».

Devise cachée : « L'important, c'est de se débrouiller. »

Modèle très répandu dans notre société marchande.

6. Le Militant (Persister chez Kahler – Ordre de la Loi, chez Ifrah). Personne qui « choisit » une cause et se met à son service. (Cette cause peut parfois être futile.)

Mots d'ordre dominants : « Sois Fort » et « Sois Parfait ».

7. Le Moi j'suis comme ça. A partir d'une injonction « N'existe pas vraiment », tend à se faire une personnalité originale à partir d'un comportement original, souvent auto-destructeur.

Mot d'ordre : « Fais effort ».

Devise cachée – quelques exemples : « Moi, tant que je n'ai pas avalé 3 verres (ou 3 petits gâteaux, ou 3 paquets de cigarettes)... » « Moi, si je ne peux pas faire mon 150 ! »

On peut penser ce que l'on veut de ces « modèles »*.

Certaines personnes les combinent avec un certain bonheur.

Et il est assez rare que nous ne nous laissions pas influencer par l'un d'entre eux, ne fût-ce qu'un moment.

Difficile d'y échapper d'ailleurs, ce sont les sept modèles de personnalité les plus répandus dans notre monde occidental en cette dernière décennie du XXe siècle.

Ceux qui y échappent sont des individus conscients, autonomes, spontanés — les 3 objectifs finaux de l'Analyse Transactionnelle.

Nous ajoutons : et assertifs (voir page 262).

POUR CEUX QUI VEULENT EN SAVOIR PLUS

Jean-Pierre, notre lecteur imaginaire, nous interpellait déjà au terme de notre chapitre sur les injonctions : Comment s'en débarrasser ?

Le revoilà, au terme de ce chapitre où il vient d'apprendre que ces « maudites » injonctions étaient rejointes par les mots d'ordre ainsi que par les influences diffuses de l'ensemble des apports culturels (légendes et médias) pour constituer notre scénario de vie.

Et ce n'est pas fini, il reste plusieurs chapitres.

Nous conseillons à Jean-Pierre de relire la note « Pour ceux qui veulent en savoir plus » du chapitre précédent en y ajoutant les considérations suivantes.

---

* Quand la volonté de s'inspirer de ces modèles est consciente, on peut considérer cette détermination comme positive.

On peut, en se référant aux travaux de Ducan Cameron, considérer qu'une personne prenant conscience des éléments qui forment son scénario, peut « spontanément **redécider** de se donner des permissions à la place des injonctions dont elle mesure l'influence néfaste dans sa vie. »

Ces permissions nouvelles sont d'autant plus faciles à mettre en application qu'elles correspondent à des injonctions dont la mise en place est plus tardive chez la personne.

Ducan Cameron a précisément observé que les permissions « Réussis », « Grandis », « Mêle-toi aux autres » sont parmi les plus faciles à redécider pour une personne adulte.

Tandis que les personnes aux prises avec des injonctions généralement diffusées dans la première enfance (« N'existe pas », « Ne sois pas de ton sexe », « Ne sens pas », « N'agis pas », « Ne pense pas », « Ne sois pas important », et « Ne sois pas enfant ») ont intérêt à se faire aider pour transformer ces injonctions en permissions nouvelles.

12

LES POSITIONS DE VIE

LE CONCEPT D'AT LE PLUS ÉVIDENT

Et peut-être le plus connu ? « D'accord avec soi-même et les autres. »*

Telle est la façon dont les traducteurs ont traduit ce qui fut sans doute le premier livre d'AT adapté en langue française : I'm OK-You're OK.

Oh ! complexité de la langue de Molière ! (On n'imagine vraiment pas Sganarelle, fâché par les facéties de Don Juan : « Mon bon Maître n'est pas OK ! Mais... je suis OK ! »)

Etre OK, c'est — maintenant que nous avons déjà rencontré plusieurs fois les caractéristiques de la personne épanouie et accomplie selon l'AT — se sentir gagnant, autonome, capable de gérer sa vie et ses relations positivement, assertif (c'est-à-dire capable de s'affirmer).

Et être non-OK, c'est le contraire, c'est se sentir mal, « moche », pas à la hauteur, dépendant, timoré, perdant.

On l'aura compris, personne ne peut se sentir OK tous les jours de sa vie, et à tout moment.

Comme le disent les transactionnalistes à leurs patients en proie à un découragement provisoire bien

* Thomas Harris, EPI, Paris, 1974.

compréhensible : « C'est OK de se sentir non-OK... à certains moments. »

Un individu, pourtant très souvent OK, connaît des moments non-OK : la perte d'un petit animal, compagnon de jeu, une dispute avec un ami (où l'on se sent en tort), l'« engueulade » (pourtant si injustement méritée !) d'un enseignant, d'un agent de police, ou d'un adjudant, la « mauvaise humeur » d'un chef, d'un patron, une grippe (si maladroitement) contractée, le décès d'un être cher, etc.

La vie est ainsi faite que le sentiment de se sentir non-OK face à certaines circonstances de la vie est inévitable. L'important étant d'éviter de les accumuler, et de glisser alors vers la position de perdant.

Mais le grand intérêt de ce concept, c'est dans la relation avec l'autre. Car, à partir du sentiment OK ou non-OK que j'éprouve pour moi-même, je suis porté à apprécier l'autre, à émettre un jugement sur lui : Je vais considérer l'autre comme OK ou non-OK.

Et, généralement, beaucoup moins consciemment qu'il ne peut y paraître à première lecture.

Deux personnes engagées dans un jeu psychologique considèrent l'autre comme non-OK. Sans quoi, même face à une situation conflictuelle, ils échangeraient des transactions Adulte-Adulte pour trouver des solutions satisfaisantes pour tous les deux... et ils se retrouveraient tous deux dans une **position de vie Je suis OK — Tu es OK.**

Position de vie ?

Ces termes désignent donc le jugement que l'on a sur soi-même et sur les autres.

A cause du best-seller de T. Harris, c'est devenu le concept le plus connu de l'AT. Interrogez les gens autour de vous. Dites-leur que vous lisez ce livre. Un certain nombre vous répondront — parfois avec un petit air narquois — : « Analyse Transactionnelle... ? Ah oui, ce "truc" qui dit Je suis OK — Tu es OK ! » Libre à vous d'entamer à ce moment-là un délicieux pastime sur le sujet. Attention ! Si votre partenaire emploie des termes comme « foutaises », « pas sérieux » et que, fort de votre lecture, vous vous sentez l'envie passionnée de lui « rentrer dans le lard »!, vous êtes probablement occupé à glisser dans un jeu psychologique de base : « Le mien est mieux que le tien ! », « Mon opinion est meilleure que la tienne. »

Un jeu psychologique où les deux partenaires se retrouveront en position : « Je suis OK — L'autre n'est pas OK » ou pour simplifier « Je... OK — Tu ≠ OK. »

Les 4 positions de vie

- **« Je suis OK — Tu es OK »** Je OK — Tu OK

  C'est la position des gagnants.

  Elle se situe à des lieues de la position non réaliste « Tout le monde il est beau, tout le monde il est gentil ! »

  Rappelons qu'elle ne signifie pas du tout que l'on considère l'autre et soi-même comme étant définitivement OK — il ne faut jamais établir de jugements définitifs ! Ni sur soi-même, ni sur les autres.

  « Je me considère comme OK, je te considère comme OK. **Ici et maintenant.** »

  C'est la position de vie heureuse de la proximité, positive mais neutre des rituels et des pastimes.

  C'est la position souhaitable des activités qui correspond à : aller de l'avant, coopérer (mettre les capacités ensemble, analysons pour comprendre et décider).

  Si nos points de vue divergent, négocions...

- **« Je ne suis pas OK — Tu es OK »** Je ≠ OK — Tu OK

  C'est la position des soumis.

  Je me considère comme non-OK (je vais facilement me dévaloriser, et endosser facilement le rôle de Victime).

  On peut considérer cette position comme OK, face à un maître — lorsque l'on débute dans un apprentissage nouveau, mais pendant un moment court.

Les personnes qui « s'installent » dans cette position de vie joueront beaucoup de jeux psychologiques en position de Victime (Sans Toi, Jambe de Bois, Oui, mais...).

Elles supporteront mal la proximité et n'agiront positivement dans les activités qu'en attitude dépendante. Il faut leur donner des directives. Candidats au cancer.

- **« Je suis OK – Tu n'es pas OK »** Je OK – Tu ≠ OK

C'est la position arrogante.

Je me considère comme OK, je considère les autres comme n'étant pas OK. C'est la position qui débouche fréquemment sur des conflits, parce qu'on y accuse l'autre, on cherche à le dévaloriser.

C'est une position de vie très répandue – on pourrait même dire « favorisée » dans notre monde de compétition non-OK où l'on cherche à dominer l'autre, à le mépriser.

Dans le monde des organisations, de nombreux chefs, n'ayant nulle part appris leur métier de « chef », adoptent cette position de vie – convaincus que seule la terreur crée le respect !

Les personnes qui s'installent dans cette position de vie passent beaucoup de temps dans des jeux psychologiques – et il est assez « juste » de dire qu'elles ignorent pratiquement que la proximité vraiment chaleureuse existe.

Candidats fréquents aux infarctus et au cancer.

- **« Je ne suis pas OK – Tu n'es pas OK »** Je ≠ OK – Tu ≠ OK

C'est la position passive.

A quoi bon; le monde est fichu, ou ne vaut rien, ou du moins pas grand-chose. On ne peut faire confiance à personne.

Mieux vaut se faire un « petit trou » et ne pas se faire remarquer.

Dans l'ordre des sentiments, c'est l'indifférence qui prévaut.

Sur le plan de l'action, la fuite des responsabilités.

Passe beaucoup de temps dans le retrait et des jeux psychologiques en position de Victime avec des issues souvent graves : maladie, suicide... (Alcoolique, Pauvre de moi, etc.)

C'est la facilité de compréhension des positions de vie qui explique son succès dans le monde des affaires. De nombreux programmes de formation y ont été proposés sur ce thème pour l'amélioration des rapports chefs-employés. Mais surtout — quel patron n'y souscrirait pas ? — à ceux des rapports entre employés et clients*.

Tout le monde passe par les 4 positions de vie

Au cours de leur existence, une grande partie des humains évolue et change de position de vie.

Parfois, ces modifications évoluent sur un laps de temps assez court. Quelques années, un mois, une journée.

Voyons comment Didier Oudin passe par les 4 positions de vie au cours d'une seule et même journée :

1. Didier Oudin avait programmé son réveil pour sept heures. A huit heures, il est réveillé par un bruit provenant de la rue. Il sursaute et jure un bon coup : « On ne peut pas se fier à l'électronique — les autres ne sont pas OK — et je n'arrive pas à me lever à temps — je ne suis pas OK. »

2. Sur le chemin du travail, il se fait arrêter par un policier pour excès de vitesse sur route, un moment qu'il vit « en petit garçon » face à l'officier — Je ne suis pas OK — Tu es OK.

3. En arrivant au travail, il constate qu'un engin qu'il avait demandé à Xavier de ranger ne l'a pas été. Il

* Lorsqu'ils interviennent dans les organisations, les transactionnalistes proposent des programmes de formation généralement orientés vers la compétition OK-OK, sans vrai perdant — même en ce qui concerne la concurrence, où leurs propositions ne manquent pas d'originalité.

l'engueule vertement (parce qu'il n'a pas appris à diriger, lui non plus!) — Je suis OK — Tu n'es pas OK.

4. Didier Oudin organise un briefing avec ses collaborateurs : « Où en est-on aujourd'hui par rapport au planning ? »
« Toujours un jour d'avance, Monsieur Oudin. »
« Très bien. Y a-t-il des problèmes ? »
« Houla la, Monsieur Oudin. Toujours la nouvelle machine... »
« Quel problème, précisément, Victor ? »
« Toujours l'alimentation, Monsieur Oudin... »
« Pouvons-nous assumer la réparation nous-mêmes ? »
« Non. »
« Dans ce cas, je compte sur vous Victor, pour contacter le fournisseur. Utilisez vos talents pour le convaincre de venir réparer aujourd'hui même. D'autres problèmes ? »
Je suis OK — Tu es OK

	JE SUIS OK	JE NE SUIS PAS OK
TU ES OK	• Allons de l'avant • Mettons nos capacités ensemble, nous obtiendrons... (coopération, synergie,...) • Si ça ne va pas, cherchons (Négociation)	• J'admire et je me retire • soumission • souvent victime (je ne suis pas capable de...) • Dites-moi ce que je dois faire
TU N'ES PAS OK	• Dévalorisation de l'autre accusation • recherche de domination • mépris (P) • Vous ne pouvez pas vous passer de moi (S)	• Passivité : il n'y a rien à faire • indifférence, fuite des responsabilités • souvent victime

Rappel : (P) = Persécuteur
(S) = Sauveteur

▶ TEST DE COMPRÉHENSION DU CHAPITRE 12

Indiquez par quelles positions de vie Jean-François passe au cours de la journée décrite :

1. *Jean-François se lève heureux et content*

2. *Il adresse un sourire tendre à son petit garçon*

3. *Pendant son petit déjeuner, il écoute les informations et dit à sa femme : « Quels idiots ! Ils ne sont pas fichus de régler un petit problème politique ! »*

4. *En prenant le volant, il constate que sa femme a oublié de faire le plein : « La patate... ! Qui c'est qui va devoir se dépêcher maintenant ? »*

5. *Parce qu'il se dépêche, un policier l'arrête. Il se défend : « Mais Monsieur l'agent, je ne pouvais pas deviner que vous étiez là ! » — . — « Bien, monsieur l'agent ! »*

6. *Il arrive en retard et peste contre lui-même*

7. *Arrivé à son bureau, il constate que sa secrétaire n'a pas expédié un courrier de la veille : « Mais enfin, Martine. Vous êtes d'un manque de conscience professionnelle incroyable !!! »*

8. *Son patron l'appelle par téléphone : Jean-François, je voudrais vous voir ! » Il répond : « Désolé, Monsieur Mievis, je dois m'occuper du courrier. Puis-je venir vous voir à 10 heures ? »*

9.	*Son patron lui répond : « Comment? Encore le courrier à cette heure? » Jean-François répond : « Je suis désolé, Monsieur Mievis, nous avons eu un petit problème. Puis-je venir à 10 heures?*
10.	*Il s'adresse à sa secrétaire : « Martine, veuillez vous occuper de ce courrier en toute première priorité! »*

POUR CEUX QUI VEULENT EN SAVOIR PLUS

Berne écrit que le bébé vient au monde sans scénario*.

En ce sens, on peut dire qu'il naît avec la position « Je suis OK – Tu es OK ».

Ce point de vue n'a pas toujours été partagé par l'ensemble des transactionnalistes, dont une partie considère que la dépendance du tout petit bébé doit correspondre à un sentiment proche de la position « Je ne suis pas OK – Tu (la mère, tout d'abord) es OK ».

Gageons que pour un bon bout de temps encore, cette question ne recevra de réponse que d'ordre spéculatif.

Pour notre part, il nous semble moins important d'en connaître la réponse d'une manière absolue (la question ayant une allure par trop « byzantine ») que d'opter pour un point de vue réaliste et pragmatique : tout être humain vient au monde avec une potentialité fondamentale d'accéder très tôt à la position OK-OK. D'y accéder, et de s'y maintenir (sans oublier les « normales » incursions dans les 3 autres positions de vie – voir à ce sujet « Une journée de Didier Oudin », p. 158.

Il est donc dans la responsabilité de chacun d'entre nous de contribuer à l'éducation générale du monde qui nous entoure par le témoignage des positions de vie que nous affichons chaque jour, tout au long de notre vie.

Et ce, sans la nécessité d'embrigadement.

Donc, inutile de créer de parti socio-politique « OK » !

* Voir plus loin.

CORRECTION COMMENTÉE

1. Je suis OK.

2. Je suis OK — Tu es OK.

3. Je suis OK — « Ils » ne sont pas OK, ce qui correspond, symboliquement, à « je suis OK — Tu (« Quelqu'un d'autre que moi ») n'es pas OK.

4. On peut considérer « La Patate » comme une insulte douce, n'empêche qu'il considère — ne fût-ce qu'un court instant — sa femme comme non-OK. Donc je ne suis pas OK — Tu n'es pas OK.

5. Il se « justifie » en position de Victime devant l'autorité de l'agent. Situation généralement vécue comme : L'autorité est OK, moi je ne le suis pas — donc Je ne suis pas OK, parce que c'est tout de même moi qui dois faire le plein — Tu es OK.

6. Je ne suis pas OK.

7. Réprimander quelqu'un correspond toujours à lui dire Tu n'es pas OK, vécu — la plupart du temps — à partir de la position « tandis que moi Je suis OK ». Il ne s'agit pas ici d'apprécier si la réprimande se justifie ou non.

8. Réponse correcte : Je suis OK. Tu es OK.

9. Je suis OK — Tu es OK.

10. Je suis OK — Tu es OK.

A partir de la scène n° 8, Jean-François évite magistralement les « pièges » dans lesquels la communication vire facilement en : Quelqu'un — au moins une personne — n'est pas OK.

En effet, à la scène 8, beaucoup détourneraient le dialogue vers « Je ne sais pas venir maintenant, je suis débordé » (Je suis non OK) (« Pauvre de moi ») à cause de ma secrétaire (Elle n'est pas OK) (« Celle-là » On ne peut se fier à personne !).

Ou encore « Pauvre de moi » Je dois toujours sauter comme vous chantez. Je ne suis pas OK — Tu n'es pas OK.

Même chose pour la scène 9 où Jean-François, en homme intègre, assume — vraiment — la responsabilité de son service (ce qui se passe dans son service est sa responsabilité — et il ne « charge » pas Martine devant son patron — ce qui est très OK-OK).

A sa secrétaire, il donne la directive la plus adéquate, compte tenu de la situation Je suis OK — Tu es OK.

13

COMMENT DEVIENT-ON CE QUE L'ON EST?

L'APPORT SPÉCIFIQUE DE L'AT

Comment devient-on ce que l'on est?

Question difficile à laquelle les hommes tentent de trouver des réponses depuis des milliers d'années. Selon certaines sources, il semble bien que les premiers «Sages» de notre Histoire (à savoir les Anciens Egyptiens) aient déjà «hérité» leurs réponses de prédécesseurs peu connus par l'Histoire officielle (c'est-à-dire celle dont les découvertes ont été corroborées par l'archéologie scientifique).

Gageons que, pendant quelques siècles encore, l'Homme s'interrogera sur ses origines, sur son devenir et sur l'état de son développement au moment de son interrogation, si tant est qu'il accède un jour à un état de connaissance «plénier» qui lui permette de répondre valablement à l'éternelle question philosophique: «Qui sommes-nous? D'où venons-nous? Où allons-nous?»

Un état de connaissance «plénier»?

Nous prenons position — sur ce plan délicat de la réflexion humaine — en affirmant que l'humanité nous semble actuellement engagée vers une voie d'évolution positive, permettant à un nombre de plus en plus élevé d'hommes d'accéder à une étape préliminaire de ce que serait cet état de connaissance «plénier» — et l'AT offre à ceux qui le désirent des moyens d'accès très appréciables dans la marche vers cet état.

Cet état «plénier» de connaissance semblerait en effet — selon notre analyse — se caractériser par une réconciliation * entre les connaissances acquises par les approches rationnelles de la recherche scientifique et celles, plus intuitives, qu'offrent les approches religieuses et ésotériques — sans les cautionner toutes, pour autant **.

Autrement dit, en faisant confiance à son Adulte et à son Enfant Intuitif *(Petit Professeur).*

Nous nous en tiendrons — pour répondre à la question-titre de ce chapitre — aux seuls apports de la psychologie contemporaine.

Bien qu'il ne faille pas négliger les apports de sciences telles que la sociologie et l'histoire, si l'on veut apporter des réponses exhaustives à cette importante question.

Nous allons également préciser quels sont, sur ce plan, les apports spécifiques de l'Analyse Transactionnelle, tout en soulignant ce qui les distingue — encore une fois — de ceux de la psychologie classique et de la psychanalyse.

---

* Au sujet de cette réconciliation, un commentateur faisait récemment une remarque amusante et pertinente : «On parle de différend entre foi et raison. Cela ressemble aux différends existant entre familles corses. Quand on interroge les protagonistes, bien souvent ils savent qu'il y a dispute, mais ils ne savent plus pourquoi.»

** Nous pensons qu'il serait judicieux de conserver à l'égard de l'étude des apports ésotériques l'approche critique des méthodes scientifiques, sur base d'une ouverture et candeur — au sens le plus positif — de l'Enfant Intuitif.

Comment devient-on ce que l'on est?

La psychologie classique et la psychanalyse offrent une série assez importante d'éléments permettant d'édifier des réponses à cette question fondamentale. Nous renverrons le lecteur intéressé aux excellents ouvrages de vulgarisation — dans le sens le plus noble du terme (c'est-à-dire avec une volonté de rendre accessibles des réalités souvent exposées par leurs « découvreurs » dans des termes difficiles) de Pierre Daco parus dans cette même collection.

La psychanalyse, en particulier, postule que notre psychisme est formé de trois instances psychiques (voir schéma ci-après).

Le Ça, ensemble des pulsions, désirs, besoins — dont une grande partie échapperait à la conscience.

Le Sur-Moi, partie de la structure psychique agissant sur le Moi contre les pulsions du Ça. Ce Sur-Moi échapperait, lui aussi, à la conscience.

Le Moi, partie consciente de la structure psychique qui permet à l'individu de s'adapter à la réalité, et qui, notamment, contrôle — aidé par le Sur-Moi — les pulsions du Ça.

Dans la société occidentale, un individu sur trois a une conscience assez claire de son Moi.

Le grand avantage de l'Analyse Transactionnelle, c'est de traiter de la partie de ces trois instances la plus accessible à la conscience : le Moi*.

---

* Nous pensons que l'époque des découvertes géniales de Freud explique pour une part importante le caractère inconscient attribué par le père de la psychanalyse au Ça et au Sur-Moi. Nous pensons que si l'accès à la conscience pleine des pulsions du Ça reste d'une grande difficulté pour la majorité de nos contemporains, les mouvements idéologiques de contestation de l'après-guerre ont relativement réduit la part inconsciente du Sur-Moi. Enfin, nous pensons que E. Berne — qui ne voulait pas « se mettre à dos » les instances psychanalytiques de son époque — s'est relativement « contrôlé » dans ses élaborations.

Lequel, pour les raisons expliquées par Berne — et exposées dans notre chapitre 2 — a été subdivisé en trois : **les 3 Etats du Moi.**

Résumons donc ici (en consultant le schéma ci-après) quel est l'apport spécifique de l'AT en réponse au titre de ce chapitre.

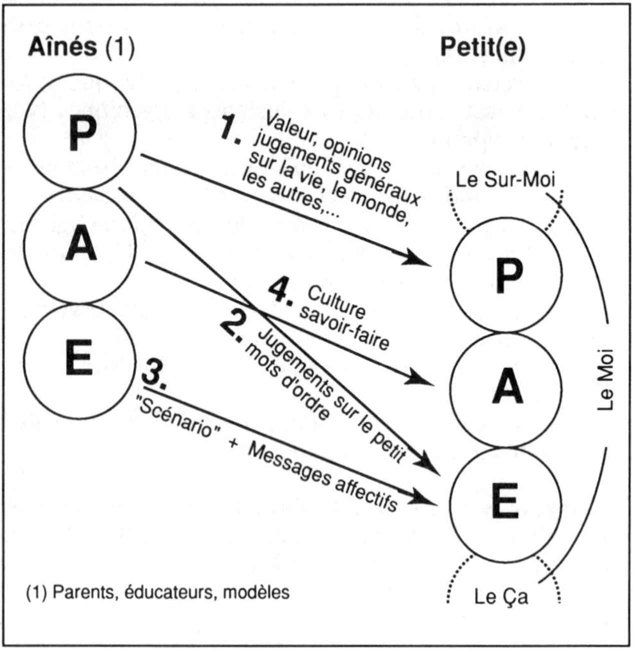

Les trois sphères de gauche représentent les Etats du Moi de l'ensemble des personnes aînées que le petit ou la petite va rencontrer pendant sa vie.

L'édification de la personnalité ne s'arrête pas à l'âge — défini par les sociétés occidentales comme âge — majeur (± 17 à 20 ans). Bien des individus — au-delà de 20 — parfois 30, 40 et 50 ans! — continuent à « s'inspirer » de modèles de comportement.

L'ensemble de ces personnes apporte des réponses à une question inconsciente mais existentiellement fondamentale que semble se poser le petit (la petite): « Qu'arrive-t-il à quelqu'un comme moi? »

1. Le Parent des aînés envoie, émet, propose des transactions vers le Parent du (de la) petit(e) dans le but de lui « donner des valeurs », des opinions sur la vie, sur le monde », sur les autres.

Ces types de messages vont constituer l'Etat Parent du petit.

Messages les plus destructeurs: « La vie est moche. Le monde l'est tout autant. Et les hommes ne valent rien (ou pas grand-chose). »

Messages les plus positifs: « La vie est belle. Le monde est un endroit merveilleux. Dans chaque individu, il y a des potentialités énormes. Les bonnes relations avec les autres sont sources d'intérêt et de joie. »

2. Le Parent des aînés envoie, émet, propose des transactions vers l'Etat Enfant du petit. Ce sont les jugements sur le petit (OK/non-OK), les mots d'ordre.

Ce type de transactions-messages va contribuer, pour une part importante, à l'édification plus ou moins OK de l'Etat du Moi Enfant du Petit.

Nombre de ce type de messages sont non verbaux (gestes, attitudes, mimiques).

Avec les messages 3, ces types de messages vont faire que le petit « démarre dans la vie » avec confiance en lui ou non, confiance en les autres ou non.

Exemples de messages les plus destructeurs: « Espèce d'idiot! », « Tu n'es qu'un incapable! »

Exemples de messages les plus positifs: « Tu es merveilleux! », « Tu es intelligent. »

3. L'Enfant des aînés transmet à l'Enfant du petit son scénario de vie et un ensemble — tout à fait primordial — de messages affectifs positifs ou négatifs.

Exemples de messages constructeurs : « Je t'aime » jusqu'à trois ans. A partir de trois ans : « Je t'aime beaucoup » — cette nuance ayant pour but de signaler au petit que « Je t'aime » devient réservé aux relations d'amour entre adultes et contribue à prévenir les difficultés œdipiennes*.

Plus toutes les permissions, ainsi que les mille façons non verbales d'exprimer des messages d'amour.

Exemples de messages destructeurs : « Je ne t'aime pas ! » ou « Je ne t'aime pas quand tu... » — ce dernier message introduit chantage et manipulation dans les relations entre parents et le petit.

Plus toutes les injonctions, ainsi que les mille façons non verbales d'exprimer des messages de haine ou de mépris.

4. L'Adulte des aînés transmet à l'Adulte du petit les connaissances, les savoir-faire — bref, la culture qu'ils ont acquise et notamment ce complément aux messages 1 : « Nous t'avons dit que la vie était belle et le monde merveilleux *et* cependant la vie, surtout avec les autres, comprend des problèmes. Ce qui est normal. Et voici comment on traite (tel type de problème)... » — suivi de démonstrations-explications sur la façon de traiter les problèmes matériels et relationnels de la vie.

L'ensemble des messages cités (1, 2, 3, 4) va constituer pour le petit, puis l'adolescent un véritable **mode d'emploi de la vie.**

Personne ne reçoit un bagage de ce type parfait.

Pratiquement personne n'en reçoit un qui lui permette — à vingt-cinq ans — de prétendre avoir accompli les 3 caractéristiques de la personne « accomplie » selon l'AT, à savoir : conscience, autonomie et spontanéité.

* Voir P. Daco.

14

DES DIFFICULTÉS DANS LE DÉVELOPPEMENT PERSONNEL

Potentiellement, et hormis les complications purement bio-génétiques, ainsi que les accidents qui portent atteinte à l'intégrité physique, les êtres humains naissent avec la possibilité de devenir des génies sur le plan intellectuel, des champions sur le plan sportif, des êtres capables d'amour et d'altruisme sur le plan affectif.

Pourquoi ne le deviennent-ils pas tous?

Il y a à cette importante question différents types de réponses. Des réponses d'ordre socio-politique, selon lesquelles l'histoire des hommes, fortement dominée par la lutte des classes, n'offre pas à tous les individus les mêmes conditions de développement. Cet argument conserve, en dépit du déclin récent des conceptions marxistes, une pertinence indéniable.

Qui pourrait nier que le petit Brésilien de la banlieue démunie de São Paulo ne bénéficie pas des mêmes chances de départ dans l'existence que le petit Parisien de Neuilly?

Des réponses de type religieux, selon lesquelles certaines personnes pourraient être plus ou moins prédestinées à jouer un rôle particulier dans l'histoire spirituelle de notre espèce.

Ou encore, pour les partisans de plus en plus nombreux de la croyance en la réincarnation, pour qui les lois karmiques déterminent le niveau de développement auquel un individu aura accès lors de sa nouvelle réincarnation.

Les réponses psychologiques enfin, telles qu'elles ont été présentées dans le chapitre précédent.

Si nous avons développé ces réponses psychologiques dans les chapitres précédents, nous n'avons cependant pas épuisé la liste des différentes difficultés qui portent atteinte à « ce bon développement harmonieux » des individus que nous avons esquissé.

C'est ce que nous proposons de passer en revue maintenant. Nous renverrons cependant le lecteur intéressé par les difficultés graves (psycho-pathologie) aux très nombreux ouvrages spécialisés existants.

Dysfonctionnements des Etats du Moi

1. Les contaminations

Il arrive qu'à certains moments, on puisse remarquer chez un individu un dysfonctionnement de son Etat Adulte,
— par la « contamination » (c'est-à-dire l'emprise) de son Etat Parent sur cet Etat Adulte
— et dans ce cas nous parlerons de **préjugé,**
— ou/et de la « contamination » de l'Etat Adulte par l'Etat Enfant
— et dans ce cas nous parlerons d'**illusion.**

Mais aussi, parce que la chose est très fréquente, de la conjonction des deux.

On représente les contaminations de la façon suivante :

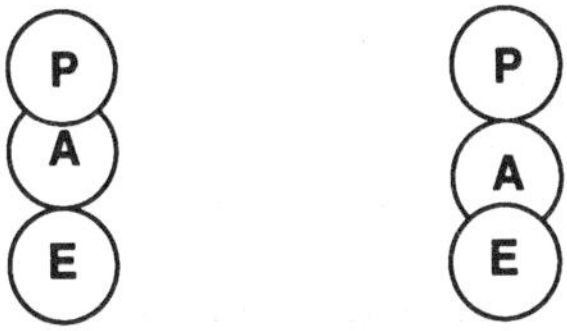

La grande difficulté avec les contaminations, c'est que la prise de conscience en est assez difficile.

Beaucoup de gens entretiennent le préjugé de la supériorité raciale. Ce qu'en fait, aucune étude scientifique ne peut corroborer (voir exemples de préjugés p. 29). Il leur est cependant relativement difficile de **dé-contaminer** leur Adulte de ce jugement de leur Parent Normatif parce que leur Enfant était « rassuré » par cette image du monde que — très probablement — leurs aînés leur avait proposée.

La décontamination de ce type de préjugé est donc particulièrement difficile parce qu'il s'agit de reconsidérer — strictement avec son Adulte — deux choses :

1. le caractère erroné du jugement Parent (il n'est pas exact que les Blancs (ou les Noirs, ou les Jaunes) soient supérieurs aux autres races);
2. le « confort » que les préjugés apportent à notre Enfant (un monde que l'on « cerne » bien (comprend) fait de valeurs « toutes faites » qu'il ne faut pas examiner l'une après l'autre avec notre Adulte, est un monde où l'on se sent à l'aise).

Les illusions « coûtent » cher à l'individu. La plupart du temps, on « s'y casse les dents ».

Exemples d'illusions :

« Je finirai bien par trouver un travail » Illusion : je ne dois pas entreprendre de recherche, ça finira bien par arriver.

« Le Sida, moi, je ne risque pas de l'attraper. » Illusion : je ne dois pas prendre de précautions, ça n'arrive qu'aux autres.

L'illusion fonctionne souvent comme si celui qui la porte était foncièrement croyant : en un Dieu intervenant dans sa vie, en une idole ou une force bénéfique.

2. L'exclusion

Il arrive qu'une personne agisse dans l'existence « comme si » un – et parfois même deux – Etat(s) de son Moi étai(ent) inexistant(s).

Ce mécanisme psychologique, qu'on appelle **exclusion**, est représenté de la façon suivante :

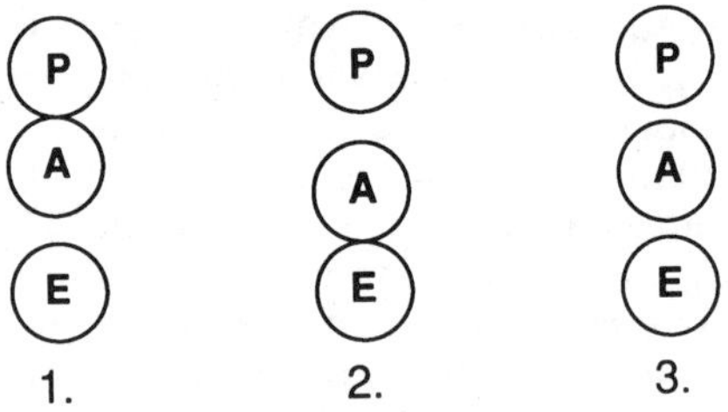

1. Exclusion du Parent et de l'Adulte, la personne se comporte comme un éternel enfant.

2. Exclusion de l'Adulte et de l'Enfant, la personne se comporte comme un éternel sermonneur.

3. Exclusion de l'Enfant et du Parent, la personne se comporte comme un véritable ordinateur froid et distant.

En fait, il n'existe que très rarement de véritable exclusion (auquel cas, la personne qui en est atteinte relève de la pathologie). Dans la plupart des cas que l'explication ci-dessus évoque à notre esprit (et en lisant ce chapitre, il est bien sûr difficile de faire taire notre

Parent qui « reconnaît » des personnes connues, n'est-ce pas?), il ne s'agit que d'**occultation** de l'un ou de deux États du Moi.

Jusqu'au début de ce siècle, combien de pères n'ont-ils pas agi « comme si » il s'agissait de ne montrer qu'un Etat Parent à leurs enfants?

Jusqu'il y a quelques années, combien de chefs n'ont-ils pas agi de même vis-à-vis de leurs subordonnés?

Combien de femmes n'ont-elles pas séduit leur amant en ne se montrant qu'Enfant vis-à-vis de celui-ci?

Combien d'informaticiens n'ont-ils pas « joué » à paraître aussi insensibles que leur propre ordinateur?

3. Les symbioses

On parle de **symbiose*** psychologique lorsque les Etats du Moi de deux personnes se complètent « comme si » l'une des deux personnes était atteinte d'exclusion, et que la deuxième assumait les rôles habituellement tenus par les Etats du Moi défaillants.

On représente la symbiose de la manière suivante :

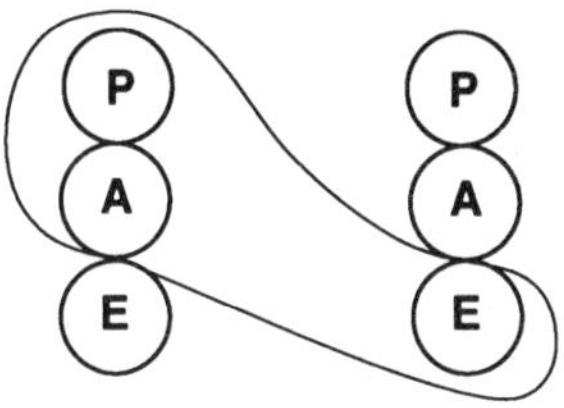

* Le mot est emprunté à la biologie.

Exemple de symbiose :
Gilbert est un « cadre dynamique » – apprécié par ses dirigeants pour son « engagement » professionnel : très sérieux (« On n'est pas là pour rigoler »), très calculateur (« Un vrai ordinateur », dit-on de lui), très dévoué – il ne lésine pas sur son temps de travail et reste souvent tard le soir au bureau, sans compter les week-ends occupés par son travail (« S'occuper de sa femme et ses enfants, ce n'est pas le job de celui qui veut devenir cadre supérieur ! »).

Par contre, sa femme Denise joue, vis-à-vis de lui et ses collègues, la femme-enfant, minaudant, soumise (« Ah ! Que ferais-je sans lui ! »).

Par contre, à la maison, c'est Denise qui gère les comptes du ménage, qui s'occupe de l'éducation des enfants, qui traite les problèmes de la maison.

On représentera cette double symbiose de la façon suivante :

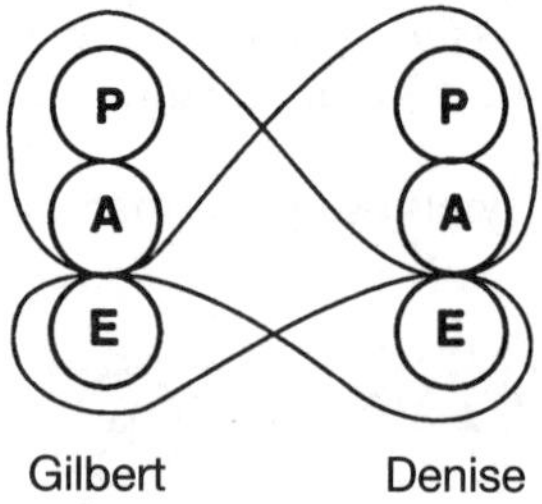

La symbiose **en chaîne** explique souvent le manque de motivation existant chez les employés ou ouvriers d'une organisation très hiérarchisée :

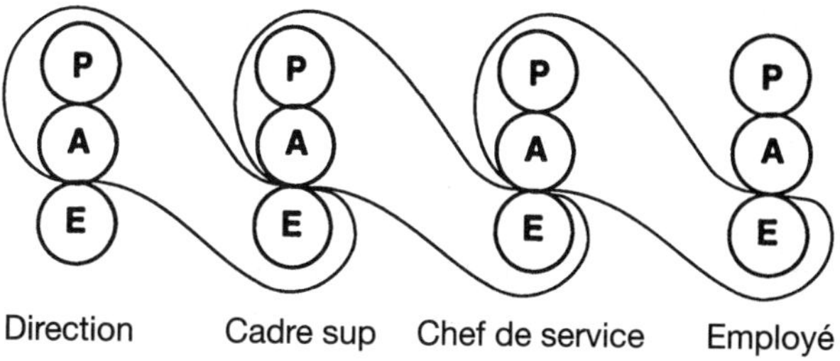

C'est la direction qui analyse, définit les politiques, donne des ordres.

Les cadres transmettent les ordres et contrôlent le travail effectué par des employés qui ne « mobilisent » que leur Enfant Adapté soumis.

Une gestion plus dynamique, « mobilisatrice » de toutes les énergies disponibles à chaque niveau, implique une gestion plus participative.

L'origine de la symbiose se trouve dans la relation symbiotique existant – tout à fait normalement – dans la petite enfance où la Maman doit utiliser ses Etats du Moi Parent et Adulte « au service » de son petit qui, au début de sa vie, ne « possède » qu'un Etat Enfant.

Selon l'AT, l'éducation d'un enfant doit viser à lui permettre d'évoluer de la situation de symbiose à la situation d'**autonomie**.

C'est par « immaturité » que de très nombreux individus tentent de recréer des situations symbiotiques dans la vie adulte. Soit en se positionnant dans un rôle de soumission ou de révolte systématique de leur Enfant, soit en cherchant à dominer les autres avec leur Parent.

La passivité

Nous avons déjà esquissé plus d'une fois ce qui serait l'évolution la plus souhaitable d'un individu vers la maturité : un état où l'individu agit en responsable de sa vie (autonomie) avec conscience (en sachant ce qu'il fait — comment et pourquoi), capable de spontanéité (notamment dans l'expression de ses sentiments) et de proximité avec les autres.

Mais, même lorsque de bonnes conditions sont réunies, il arrive que l'individu se comporte « comme si » cet état n'était pas souhaité :
— comme si l'individu n'était pas conscient de ce qu'il fait (absence de désir net et affirmé de vouloir agir avec conscience);
— comme si l'individu n'était pas capable d'agir en plein responsable de ses actes (absence du désir net et affirmé d'autonomie).

Ce dysfonctionnement de la personne a été appelé par les 2 analystes transactionnels Jacqui* et Aaron Schiff : la **passivité.**

La passivité est donc le comportement par lequel un individu s'abstient (généralement d'une façon inconsciente) de réagir à une situation donnée.

Exemples de passivité :
1. Une jeune maman entend son bébé pleurer dans sa chambre. Et ne fait rien. Ou rien d'adéquat — le plus adéquat serait probablement de se rendre dans la chambre pour voir si son bébé n'a besoin de rien.
2. Un responsable d'un service d'accueil ne fait rien pour répondre aux réclamations concernant la qualité d'accueil.

---

* Jacqui Schiff, op. cité.

Soucieux de fournir aux psychothérapeutes utilisant l'AT dans leur pratique — lesquels sont souvent confrontés à des problèmes de passivité — un outil complet, J. et A. Schiff ont élaboré un **modèle de la passivité** faisant état de quatre manières d'être passif :

1. **Ne rien faire (au sens strict).**
2. **Se sur-adapter.**
3. **S'agiter.**
4. **Se rendre incapable de réagir ou être violent.**

Exemples :

1. Ne rien faire :
Penser « Ça va s'arranger tout seul » ou « X s'en occupera bien ».
2. Se sur-adapter :
En faire beaucoup plus que les autres ne demandent. Et, surtout, la plupart du temps, faire à partir de « ce qu'on devine que les autres veulent ».
3. S'agiter :
S'énerver, remuer « ciel et terre », s'agiter « autour » (à l'occasion) du problème, plutôt que de réellement le résoudre.
4. Se rendre incapable (par violence à l'égard de soi-même ou de l'autre) de résoudre le problème :
Se blesser ou porter atteinte à l'autre, voler, (se) saouler, avoir un accident.

Mais, comme J. et A. Schiff l'ont admirablement remarqué, pour rester dans la passivité, il faut arriver à ne pas remarquer, ne pas voir, ne pas entendre qu'il se passe quelque chose.

Si la jeune maman citée comme exemple ci-dessus se trouve en compagnie de son mari, ou si le chef de service cité se trouve interpellé au sujet du travail de ses collaborateurs, il peut être difficile de faire « comme si » ils n'entendaient pas ce qui se passe.

L'Enfant Intuitif (*Petit Professeur*) des humains est malin et il a trouvé comment faire.

L'Enfant Intuitif de J. et A. Schiff a été malin et il a observé les quatre façons par lesquelles les gens « s'arrangent » pour faire « comme si » ils ne percevaient pas qu'il se passe quelque chose.

En anglais, ils ont choisi d'appeler ce procédé psychologique **« discount »**, ce qui signifie réduire — réduire, c'est-à-dire ne pas connaître ou **méconnaître** l'objet, la chose qui pose problème.

Il y a quatre façons de méconnaître un problème, c'est-à-dire quatre manières de s'arranger pour faire « comme si » on ne percevait pas le problème.

Ils ont donc appelé ces quatre manières de se comporter :

Les 4 types de méconnaissance

La méconnaissance est donc une façon de ne pas percevoir un problème, soit pour « inviter » quelqu'un d'autre à le prendre en charge, soit pour maintenir la situation telle quelle.

Une autre façon de dire cela — en utilisant du vocabulaire appris ci-dessus — c'est de dire que la méconnaissance permet de :
— maintenir une symbiose avec quelqu'un (lorsque cette personne a déjà, précédemment, pris le problème en charge « spontanément »);
— « inviter » quelqu'un à prendre le problème en charge — donc à « créer » une symbiose nouvelle.
— maintenir une sorte de symbiose avec la situation existante.

Les quatre types de méconnaissance sont :

1. **La méconnaissance du problème proprement dit :**
La jeune maman « fait » comme si le bébé ne pleurait pas.
Le chef de service « fait » comme s'il n'entendait pas la remarque.

2. **La méconnaissance de l'importance du problème :**
« Oui, il pleure mais ce n'est rien ! » ou : « Il pleure souvent pour un rien. »

« Oui, il y a eu des réclamations, mais s'il fallait faire attention à ce que disent les gens... ! »

3. **La méconnaissance de la possibilité de résoudre le problème :**
« Oui, il pleure. Mais il n'y a rien à faire, il va continuer à pleurer, quoi que je fasse ! »

4. **La méconnaissance de ses propres capacités à résoudre le problème :**
« Il pleure, mais quoi que je fasse n'y changera rien. »
« Oui, c'est important, mais chez nous, chez Lacroix, on ne peut pas changer cela ! »
« Oui, c'est important, mais que voulez-vous, on ne peut jamais satisfaire le client ! »

Deux types de difficultés propres aux sentiments

Pour bien des raisons exposées jusqu'à présent, nous savons que l'expression spontanée et sincère des sentiments n'est pas la chose la plus facile du monde.

La sincérité ne se pose pas ici de la façon où beaucoup d'entre nous l'entendent : une voix Parent dans la tête qui nous dit : « Es-tu bien sincère, dis-tu la vérité ? »

En dehors de cette question inquisitrice à laquelle la plupart d'entre nous ont été soumis tantôt par des « autorités », des professeurs ou des parents, il est un aspect des choses où cette question doit nous interpeller : sommes-nous sûrs de l'authenticité de nos sentiments, ne fût-ce que par rapport à nous-mêmes ?

L'AT a en effet repéré qu'à côté des « timbres-cadeaux », qui sont – comme nous l'avons vu au chapitre 8 – des sentiments détournés (puisqu'ils ne sont pas exprimés spontanément), il existait encore deux formes de sentiments tronqués :

1. Les sentiments parasites (ou *racket**)

Il s'agit des sentiments de substitution « mis à la place » d'autres sentiments – généralement par les parents dans la petite enfance.

Exemple : le petit Victor a repéré que si, à la place de la colère qu'il a envie d'exprimer mais « que Maman ne supporte absolument pas ! » il se met à pleurer, Maman va le prendre dans ses bras, le consoler et peut-être, en plus, lui donner une friandise, accompagnée d'un consolant « Oh ! Mon pauvre petit chéri, tout de même ! »

Ce type de pratique va se répéter... jusqu'à ce que le sentiment parasite prenne systématiquement la place du sentiment d'origine.

Parmi les sentiments parasites les plus fréquents, citons :
– la colère, la tristesse remplacées par des sentiments de culpabilité ou de souffrance;
– le plaisir des découvertes enfantines du corps remplacé par des sentiments de honte et de culpabilité;
– le plaisir de goûter les compliments remplacé par la dérision ou l'humour ironique.

De plus, les transactionnalistes considèrent comme sentiments parasites les manifestations maniaques, perverses, phobiques, psychosomatiques telles que : la boulimie, le voyeurisme, l'exhibitionnisme, le fétichisme, l'énurésie, la claustrophobie et l'agoraphobie.

* Le mot « racket », mot donné par Berne à ce que Raymond Hostie a ensuite appelé sentiment parasite, se réfère à la façon dont les « racketteurs » « rançonnaient leurs proies » vers les années '20.

2. Les sentiments élastiques

Il s'agit des sentiments qui, tels des élastiques, reviennent « alors qu'on ne s'y attendait pas » lorsqu'ils sont réactivés ou reconnectés.

Exemples : Fabienne regarde un film à la télé et éclate en sanglots. Ses parents pensent évidemment que c'est l'action directe, montrée dans le film, qui la fait pleurer, alors qu'il s'agit de la résurgence d'une scène vécue vers 6 ans – âge où elle n'a pas osé éclater en sanglots – qui la fait éclater aujourd'hui.

Paul, employé dans une agence de voyages, éclate soudainement en colère parce qu'un couple de clients exprime son mécontentement de n'avoir pas trouvé de linge de toilette propre dans la salle de bains de l'hôtel Miramar où ils viennent de passer leurs vacances. Réclamation recevable, qui ne justifie pas un tel emportement de la part d'un employé généralement très courtois.

Mais un sentiment élastique est intervenu. Paul a exprimé, trente ans plus tard, la colère qu'il avait ressentie à l'égard de sa tante Victorine qui avait osé le gronder devant ses petits copains, pour « n'avoir pas trouvé de linge de toilette propre dans sa salle de bains » après que Paul et ses petits copains y aient joué.

Ces sentiments élastiques peuvent, tout au long de notre vie, nous jouer de bien mauvais tours.

PARTIE II

L'AT POUR QUOI FAIRE ?

Nous allons envisager maintenant les objectifs d'évolution et les moyens de changement que nous propose l'AT.

Le tableau ci-dessous va du type de changement/évolution généralement le plus facile à accomplir au plus difficile, en matière de relations.

du plus facile au plus difficile ↓

- AMÉLIORATION DE TOUS TYPES DE RELATIONS :
  - **pouvoir prendre ou refuser les « invitations » des autres.**
  - **les 5 types de transactions OK/OK**
  - **la confrontation OK**
  - **éviter les jeux psychologiques**
  - **éviter la « lecture de pensée »**
- AMÉLIORATION DES RELATIONS DE TRAVAIL :
  - **les contrats de changement et de confrontation**
  - **formation à l'AT (*)**
- AMÉLIORATION DES RELATIONS DE COUPLE (AMOUR ET SEXUALITÉ) :
  - **traitement des petits conflits**
  - **traitement des conflits graves (*)**

- DÉVELOPPEMENT ET ÉVOLUTION PERSONNELLE :
  - **reconsidération des normes du Parent**
  - **développement des capacités de l'Adulte**
  - **reconsidération des permissions de l'Enfant**
  - **changement de scénario (*)**
  - **développement spirituel**

(*) avec l'aide d'un praticien compétent

1

CHOISIR UN OBJECTIF

A la question posée en cette deuxième partie, on peut donner plusieurs formes à la réponse.

Nous vous invitons à choisir parmi les quelques formes que nous allons citer celle(s) qui vous convient (conviennent) le mieux.

L'AT, pour quoi faire ?

Pour améliorer, perfectionner, progresser dans ses relations, ses contacts, ses échanges avec les autres (collègues, patrons, chefs, voisins, amis, connaissances, famille, enfants, partenaires).

On peut aussi dire pour : transformer, (r)ajuster, bonifier, (re)créer, développer ces relations.

En vue de les rendre plus satisfaisantes, plus efficaces, plus agréables, plus performantes, plus heureuses.

Mais l'AT, c'est aussi un outil de développement, d'évolution personnelle, permettant d'élargir, de développer sa propre personnalité.

De dépasser les petits conflits personnels (à l'intérieur de soi-même ou/et avec les autres).

De trouver des moyens pour re-stimuler, ré-activer ce développement en vue de notre propre épanouissement, condition première pour contribuer à l'épanouissement de ceux qui nous entourent et de ceux que nous rencontrons.

Alors, vous avez pu faire votre choix?

Nous ne prétendons pas avoir épuisé toutes les formes d'expressions relatives au développement personnel et à celui de nos relations avec les autres.

Les objectifs d'Eric Berne

Berne avait une considération élevée pour ses semblables.

Nous partageons ses points de vue selon lesquels tout être humain qui vient au monde, sans complication génétique ni accident, est un être aux potentialités immenses qui mérite un respect fondamental, quelles que soient sa race et son appartenance sociale. Entouré d'amour — «ingrédient» indispensable et capable de surmonter les très grosses difficultés que l'existence peut engendrer — tout être humain peut accéder à un degré élevé du développement de ses potentialités*.

Réaliste, Berne savait qu'il n'allait cependant pas transformer le monde (nous disons cependant que si le monde «accouchait» un peu plus souvent d'individus de sa trempe, qu'est-ce qu'il évoluerait vite et bien, ce monde...!).

Il nous a toutefois laissé un outil magnifique **et réaliste**, parce que, si chacun de ses lecteurs (ou lecteur de cet ouvrage) **décide** — le mot est important, nous allons y revenir — d'utiliser cet outil pour atteindre l'un des objectifs formulés ci-dessus, c'est opter pour l'une des voies sans doute les plus réalistes d'œuvrer à l'évolution de ce monde, qui en a tant besoin.

Mais Berne était réaliste, disions-nous.

Et plutôt que d'édifier des théories socio-politiques fumeuses, il a choisi de concevoir un outil pour aider ses contemporains à se développer ou à pouvoir, pour certains, dépasser un type de souffrance fort répandu dans notre monde occidental : la souffrance psychologique.

---

* Il est curieux que n'existe pas l'expression «amour qui soulève des montagnes...».

Si l'AT a, incontestablement, apporté des moyens nouveaux fort intéressants dans le domaine du traitement des pathologies psychologiques – surtout depuis les apports des Schiff – c'est à l'amélioration de la vie de M. Tout-le-monde que E. Berne a davantage consacré ses énergies.

Et sa conception de l'homme épanoui, il l'a surtout exprimée au travers des 4 objectifs qu'il a assignés à l'utilisation (ou la pratique) de l'AT :

1. Conscience
L'être humain peut – et doit – accéder à la plus large conscience de lui-même. De ses actes, de la façon dont il utilise ses énergies (intellectuelle, physique et spirituelle) dans ses rapports avec les autres et avec le monde.

2. Spontanéité
En voyant défiler ses patients – l'Américain moyen du milieu de siècle – Berne a été frappé par la difficulté de celui-ci d'être spontané (une spontanéité **réelle**, et non pas ce que les Européens, généralement encore moins spontanés, appellent la spontanéité américaine – qui n'est bien souvent qu'une spontanéité « sociale », feinte, mais agitée) et capable de proximité (d'*intimité*).

C'est parce qu'il considérait ces deux qualités comme indispensables au bon fonctionnement psychologique et social qu'il les a portées comme objectifs primordiaux de sa pratique.

3. Proximité (*Intimité*)
L'être humain épanoui – bien dans sa peau, comme on dit chez nous – est non seulement capable d'être proche des autres, parce qu'il aime ou apprécie cela. Il est capable de vivre la proximité et l'intimité sincère, c'est-à-dire franche, et sans calcul. Ce qui ne le rend pas dupe face aux manipulateurs, tricheurs et menteurs – la capacité de proximité éveille la perception intuitive des autres et l'être épanoui « sait » avec qui il peut être franc et sincère.

4. Capacité de vivre des relations OK/OK
C'est-à-dire des relations basées sur la confiance et le respect, plutôt que sur la méfiance et le rapport de forces.

En considérant que tout être humain est **fondamentalement OK,** mais qu'il peut avoir des comportements non-OK.

Lorsqu'il doit faire face à ce type de comportement, l'être humain épanoui est capable de confronter positivement (une notion que nous développons plus loin) son interlocuteur plutôt que de le juger, l'injurier, le dévaloriser ou le battre.

C'est dire qu'il « entre » peu dans les jeux psychologiques que son entourage lui « propose ».

Changer, vous avez dit changer?

Moi non.

Jusqu'à présent, nous avons en effet peu utilisé ce mot qui effraie tant de gens.

Et pourtant…

Toutes les formules utilisées au début de ce chapitre (améliorer ses relations, développer des contacts heureux et satisfaisants, etc). Toutes ces formules impliquent un changement personnel.

Améliorer, c'est faire mieux que ce n'était, c'est donc changer.

Idem, si vous avez préféré les termes « progresser ».

Évoluer, se développer, c'est encore la même chose.

« Alors, le changement, oui? »

« Pas si vite, jeune homme, me dit Jean-Pierre. Quand j'entends le mot changement, je frissonne. »

« Vous voulez dire que cela vous fait un peu peur? »

« C'est ça! »

« Peur de l'inconnu? »

« Si vous voulez! »

« Moi, je ne veux rien, mais vous, peut-être? »

« Ne jouez pas avec les mots! Mais dites-moi plutôt comment faire avec cette peur de l'inconnu. »

Nous allons y venir.

Tout d'abord, de quoi avez-vous peur? Je pense qu'il n'existe pas de véritable peur qui ne concerne l'inconnu.

Et la peur de l'inconnu, c'est la peur de quitter quelque chose de soi que l'on connaît bien (le connu), cet ensemble de manières d'agir, de penser, de ressentir auquel on est habitué.

Cette peur-là est tout à fait semblable à celle du petit garçon qui, pendant la journée, n'hésite pas à explorer le jardin, mais qui, une fois l'obscurité venue, n'ose plus s'aventurer dans le même jardin. Eh oui! De nombreux adultes — parmi lesquels certains rechignent à l'emploi du mot « Enfant » dans un exposé sur l'AT — éprouvent une peur identique à l'idée de « changer » quelque chose dans leur vie. Mais qu'ils se rassurent.

Posséder un jour une maison et le lendemain des châteaux, c'est vivre un changement, non?

(L'une des contaminations les plus répandues consiste à croire qu'un changement sur le plan personnel ne peut être que douloureux, à tout le moins désagréable. En occultant la perspective que ce puisse être surtout agréable.)

Et ce l'est, nous l'affirmons, pour la très grande majorité des gens.

Le changement psychologique s'apparente le plus souvent à un développement, comparable sur le plan matériel à notre exemple maison-château et non l'inverse.

Examinons encore un instant ce que recouvre souvent la peur de l'engagement à un changement psychologique.

La presse à grand tirage, souvent seule source d'information sur les questions psychologiques importantes de la population, fait ses choux gras de titres tels que « Découvrez ce qui habite votre inconscient ». Et voilà, des milliers de gens — peut-être pas vous mais votre voisin ou votre collègue qui en parlera — se font de l'inconscient des idées saugrenues au sujet des pulsions « monstrueuses » et en tous cas inavouables.

« Ouais, les psychologues sont des gens qui vont essayer de vous expliquer que, petit, vous ne pensiez qu'à avoir un rapport sexuel avec l'un de vos parents ! »

Quel Etat du Moi parle ainsi, maintenant que vous les connaissez ? Que pense votre Adulte de réanalyser un tel jugement ?

A tous ceux qui craignent encore ce genre de découvertes, nous disons : Nooooon !

Votre inconscient n'est pas peuplé de monstres.

Et sans dire qu'évoluer — donc changer — psychologiquement ne comprend aucun risque de découverte parfois quelque peu gênante, nous dirons que pour la plupart des gens — et, pour une fois, acceptez d'appartenir à la majorité ! — il y a beaucoup plus de découvertes positives à faire que l'inverse.

Notre expérience démontre qu'en entamant un processus de changement ou de développement personnel, la très grande majorité des gens — et, encore une fois, acceptez d'être considéré comme tel ! — va surtout faire des découvertes positives.

Lesquelles ?

Découvrir le vrai sens profond de l'affirmation « Tout être humain est **merveilleusement unique.** »

Découvrir que notre sensibilité regorge de trésors insoupçonnés.

Découvrir, notamment, les ressources immenses de notre Enfant Intuitif, et ses capacités de créativité.

Renforcer la connaissance et l'assurance en nos propres talents.

Apprendre à oser davantage être soi-même.

Développer sa confiance en soi. (Combien peuvent affirmer que, sur ce plan, ils n'ont rien à gagner ?)

Développer sa propre autonomie, sa capacité de proximité, sa spontanéité et son assertivité (voir p. 262).

Et sur le plan des relations avec les autres :

Oser affirmer sa propre personnalité.

En finir avec les sensations de gêne, de honte, de doute de ses capacités, de l'intérêt que nous représentons pour les autres.

Vivre davantage de relations de vraie complicité (avec un partenaire, avec des enfants, avec des parents, avec des amis, avec des collègues).

Accroître son efficacité professionnelle.

Développer ses talents de négociation (face aux difficultés, petits ou gros conflits avec les autres).

Modifier sa grille de structuration du temps en sachant mieux mettre à profit ses moments de retrait (pour méditer, développer ses connaissances), en affinant ses rituels et ses pastimes, en accroissant son temps de proximité.

Renforcer sa capacité à décliner, sans heurts, les « invitations »* des autres à nous faire entrer dans des jeux psychologiques.

Découvrir la richesse des autres.

Vivre des relations OK/OK.

Voilà quelques-unes des perspectives — intéressantes, non? — que nous pouvons nous poser pour un développement/changement personnel.

Seul ou avec de l'aide?

Changer, se développer est un acte que de nombreux hommes ont réussi à faire seuls.

Soit parce qu'ils se retrouvaient à l'âge adulte (nous postulons que c'est surtout à partir de l'âge dit adulte que de nombreuses personnes peuvent envisager une telle démarche) nantis d'une personnalité forte et courageuse, soit que la somme de leurs difficultés psychologiques était relativement basse — et dès lors, les changement souhaités par eux-mêmes, relativement bénins. Cela ne signifie pas que nous préconisons le seul changement avec l'aide d'un psychothérapeute formé à l'AT, mais nous disons que cela apporte une aide, mais surtout une accélération du processus d'évolution très appréciable.

* Voir ci-dessous.

Imaginez que vous héritiez d'un chalet très typique dont le caractère historique ne vous échappe pas. Même si vous êtes bricoleur — cela signifie que vous allez sérieusement participer à sa restauration — il s'avérera probablement très intéressant de recourir aux conseils, et peut-être à l'aide d'un charpentier local.

De même, si vous vous fixez un objectif de changement/évolution personnel, c'est **vous** bien sûr qui allez effectuer la plus grosse partie du travail. Mais, selon le type d'objectif que vous vous fixerez, il sera intéressant de vous faire aider des compétences d'un psychothérapeute formé à l'AT.

Parce que celui-ci vous aidera à formuler votre **contrat** de changement/évolution.

En effet, le psychothérapeute formé à l'AT a appris à « édifier » avec ceux qui le consultent des contrats de qualité. Il a été tout particulièrement préparé à établir avec son client un objectif positif à atteindre.

La pratique psychothérapeutique nous enseigne qu'un objectif comprenant une formulation négative n'est pas porteur, ne « mobilise » pas suffisamment l'énergie psychique.

(« Je veux entretenir des relations positives, enrichissantes pour eux et pour moi-même avec mes collègues » est une formulation plus engageante que « Je ne veux plus de disputes avec mes collègues ».)

Ensuite, un contrat a besoin d'être accompagné d'une définition de critères de réussite.

Les critères de réussite sont les moyens précisés par lesquels et le praticien en AT, et son client, sauront que l'objectif du contrat a bien été atteint.

Exemples de critères :

« Je pourrai considérer que mon objectif aura été bien atteint lorsque, arrivant le dernier au bureau, mes collègues se déplaceront pour venir me saluer. » « Combien de collègues avez-vous dans votre bureau ? » demandera alors le praticien. « Huit. » « Et faudra-t-il que ces huit collègues se déplacent ? » « Non, je dirais... trois. Oui, si trois collègues se déplacent, ce sera un bon critère d'atteinte de mon objectif. »

« Quoi d'autre ? »

« Si, à la pause-café, j'arrive à discuter cinq minutes avec Pierre Dormal et Jean Calot. »

« Bien, nous notons ce deuxième critère. Y en a-t-il d'autres ? »

Bon. Entendons-nous bien, cher lecteur.

Il n'appartient nullement au praticien d'évaluer les critères de son client. Et encore moins de les lui fournir.

Et là, encore une fois, on comprendra que cette attitude non interventionniste, non directive du thérapeute, est une aide précieuse que seule peut apporter une personne sérieusement préparée.

Enfin, le contrat comprendra un « programme d'évolution », fait d'étapes tangibles.

Un autre rôle important que jouera le praticien dans la relation établie avec son client, c'est celui de « confronter » celui-ci à des faits, des prises de conscience que le thérapeute juge, en son âme et conscience, devoir faire à son client. C'est surtout cette pratique de la **confrontation** qui caractérise l'AT, et qui contribue à faire de cette pratique psychothérapeutique, une pratique plus rapide que d'autres.

Ceci dit, nous pouvons considérer maintenant les possibilités de changement/évolution dans leurs aspects concrets.

Qu'est-ce qu'un bon praticien d'AT ?

Cette question difficile revient à demander : Comment reconnaître une personne capable de relation d'aide ?

Il n'y a pas de recette, à ce sujet.

Ce n'est pas l'importance de la carte de visite, ni la liste des diplômes, ni la grandeur de la plaque nominative qui se trouve sur la devanture d'une maison qui garantissent cette capacité.

Ni même les diplômes délivrés par l'Institut International d'Analyse Transactionnelle — même si la noble

Association multiplie ses efforts pour ne les délivrer qu'avec discernement.

Une personne capable d'aider quelqu'un d'autre est un partenaire qui, pour une période de notre vie, va partager nos confidences, mettre son expérience, ses capacités au service de notre développement.

Elle ne doit pas nécessairement nous **aimer** pour cela.

Qu'elle inscrive sa pratique dans une démarche d'amour de ses semblables est un garant de la qualité de son travail. N'oublions pas que nous allons payer cette personne.

Sa première qualité doit donc être son **efficacité** dans la relation d'aide.

Pour se faire une opinion à ce sujet, mieux vaut procéder comme on cherche un bon médecin généraliste — ils sont d'ailleurs de plus en plus nombreux à se former en AT, ceux-là — c'est-à-dire en interrogeant ses voisins, ses amis, et surtout... en faisant confiance à son Enfant Intuitif — lequel finira bien par découvrir quelqu'un avec qui « le courant passe »...

Et c'est bien, en définitive, à votre Enfant Intuitif qu'il faut confier le choix d'une personne aidante, le choix d'une personne susceptible de remplir les trois conditions d'un bon thérapeute selon l'AT, à savoir quelqu'un susceptible de vous offrir les 3 P.

Cela veut dire Puissance, Permission et Protection.

La **Puissance** d'un psychothérapeute ou d'une personne exerçant une relation d'aide, c'est le client (ou patient) qui la donne au praticien. Il va de soi que l'on fait mieux de **choisir** une personne à qui l'on « sent » qu'on peut faire confiance, qui « a l'air », qui nous donne l'impression d'être compétente. Une personne dont la présence va nous offrir pendant la durée du contrat une **Protection** psychologique suffisante que pour nous aider à faire face aux autres et au monde dans nos essais de comportements nouveaux.

Enfin, une personne qui nous donnera des **Permissions** nouvelles avec suffisamment de poids pour que nous les prenions à notre compte.

Bref, se choisir un bon praticien d'AT pour un contrat d'évolution personnelle demande que nous mobilisions notre Adulte – pour l'aspect « enquête d'information » et l'analyse des réponses que notre candidat-praticien donnera à nos questions (attention à notre Parent !) – et notre Enfant Intuitif pour « sentir » s'il est bien la personne qui peut nous aider vis-à-vis de cet important projet.

2

L'AMÉLIORATION DES RELATIONS

(TOUS TYPES)

Visons large.

Notre expérience démontre à l'envi les possibilités d'amélioration des relations humaines. Cette amélioration est-elle souhaitable ? Que ceux qui en doutent referment ici cet ouvrage, l'offrent à un ami et retournent rapidement sur « leur » nuage.

Avec ses six milliards d'hommes — dont une grande partie ne mangent pas à leur faim, et se font souvent la guerre — notre petite planète bleue a encore bien besoin de recevoir de l'huile dans les rouages qui animent ses communications, ses relations.

Et s'il nous arrive à tous de rêver — le mot est choisi — d'être au moins une fois le despote éclairé — éclairé, bien sûr ! vous en connaissez, vous, des despotes qui ne se prétendent pas l'être ? — qui dicterait aux humains les comportements à adopter pour évoluer vers le bonheur universel, mieux vaut opter pour un réalisme bien concret que nous recommandent tous les grands Sages de l'Histoire : agir au perfectionnement du monde à partir de l'endroit et du temps où nous nous trouvons !

Proposer à son entourage — ses amis, ses collègues, ses voisins, sa famille — des relations basées sur la position OK/OK, cela participe à l'édification d'un monde meilleur. Nul ne peut en douter.

Alors, voyons comment en ce deuxième chapitre nous pouvons considérer agir dans toutes les relations que nous vivons avec notre entourage.

Prendre ou refuser les « invitations » des autres

Dans nos relations avec les autres, notre tout premier **pouvoir,** c'est de considérer que toutes les tentatives de communication que les autres nous envoient sont des **invitations** à entrer en communication avec nous.

Sauf dans les situations de forte dépendance hiérarchique (comme elles peuvent exister au travail ou dans des circonstances de rapports très déséquilibrés — un des protagonistes menace l'autre d'une arme), les tentatives de communication sont bel et bien des invitations — et ont tout intérêt à être considérées comme telles.

C'est-à-dire que nous avons le droit fondamental de les accepter ou de les refuser.

Un droit qui ne semble pas souvent pris.

Pas suffisamment, en tout cas.

Et qui, si chacun en usait avec discernement, éviterait bien des problèmes.

Mais j'en vois, au fond de la salle, qui n'ont pas l'air de bien saisir ce dont nous voulons parler.

Disons donc les choses autrement.

Avez-vous déjà remarqué combien de gens agissent avec leur partenaire, leurs enfants, ou leurs collègues, comme s'il s'agissait de rapports hiérarchiques?

Cela se remarque habituellement lorsque quelqu'un dit: « Il (ou elle) m'oblige à... »

Lorsqu'un client ou un participant à un séminaire relate ce genre de situation, le praticien en AT confrontera celui-ci de la manière suivante :

« Votre collègue (ou votre partenaire) tient-il une arme dirigée contre vous, dans la situation que vous me décrivez? »

La réponse est toujours: « Non! »

« Dans ce cas, qu'est-ce qui vous empêche de... (suit une précision variable selon la situation décrite)? »

« Mais je ne peux pas faire autrement! » est une réponse fréquente.

« Bon. JE répète ma question: quelqu'un vous menace-t-il de vous quitter (pour un partenaire), de perdre votre emploi (pour un travail)? »

« Non, pas vraiment... mais... »

Cette confrontation, que nous vous invitons à transposer dans votre couple et/ou dans votre travail, fait souvent office de **déclenchement** dans une séance thérapeutique ou un séminaire de formation.

Beaucoup de gens vivent en fait leurs relations importantes (couple ou travail) en étant « **installés** » — et cela peut durer depuis 10, 20 ou 50 ans — dans des relations qu'ils vivent « **comme si** » ces relations étaient des relations hiérarchiques fortement déséquilibrées — tout le pouvoir est dans les mains d'une seule personne.

Et les gens décrits ci-dessus, après la bien utile confrontation qui leur a été faite, prennent soudainement conscience que, depuis tant d'années, ils ont « reçu » énormément de « contacts » provenant de l'autre « comme si » cet autre détenait à leur sujet un pouvoir absolu.

Nous avons voulu commencer ce chapitre par cette description sur le déséquilibre qui existe dans de nombreuses relations — et cette description aurait pu figurer dans le dernier chapitre de la première partie « Difficultés dans le développement personnel » — parce qu'elle illustre bien l'une des difficultés majeures à établir et vivre des relations OK/OK et qu'il faut, pour améliorer tous les types de relations, les dégager des nombreuses scories qui les empoisonnent.

Il faut que tous ceux — et notre expérience nous apprend qu'ils sont nombreux — qui « abandonnent leur pouvoir aux autres » le récupèrent, comme préalable aux relations OK/OK.

Parce que les personnes décrites ci-dessus se trouvent en fait dans la position « Je ne suis pas OK/Tu es OK » puisqu'elles agissent « comme si » ce que disait l'autre était « parole d'Evangile »…

Attention!

Pour améliorer nos relations, il nous faut absolument tendre vers des relations OK/OK, c'est-à-dire des relations dans lesquelles il y a, à la base, un **respect absolu de l'autre et de soi-même.** Le respect de soi-même signifie que l'on accuse réception des « contacts » émis par l'autre en les considérant comme des **invitations**.

Et des invitations, cela se **prend** (« Je comprends bien ce que vous désirez et je suis d'accord pour le faire ») ou cela se **refuse** (« Je ne suis pas d'accord avec ce que tu me demandes »).

Attention-bis!

Notre expérience nous a appris que ce qui est décrit dans ce début de chapitre n'est pas évident pour tout le monde. Comme il s'agit d'une condition primordiale à l'amélioration des relations avec les autres, nous invitons ceux que ce texte dérange, choque, ou paraît par trop « nébuleux » à poser un temps d'arrêt dans leur lecture, à relire le chapitre sur les positions de vie, puis à reprendre la lecture de ce chapitre, avant de poursuivre.

> Nous disons donc que l'une des premières conditions d'amélioration des relations avec les autres, consiste à — éventuellement — récupérer son pouvoir à **accepter** ou **refuser les invitations** de contact (et à pouvoir les considérer comme telles).

Peut-être — à ce stade de lecture — trouvez-vous soudainement que l'AT est difficile à mettre en pratique.

Ou, que les milieux dans lesquels vous évoluez y seront peu réceptibles?

Attention ! A nouveau, posez-vous la question :

« Si je pense cela, est-ce le résultat d'une analyse rigoureuse de mon Adulte ? Ou s'agit-il de « solides préjugés » de mon Parent ? Ou encore d'impressions d'« impuissance » de mon Enfant Adapté ? » Une analyse scrupuleuse de l'Adulte impliquerait de ne conclure qu'après avoir essayé.

Alors, nous vous encourageons à essayer — dès demain matin — de proposer aux autres des transactions OK/OK.

Dieu sait, c'est peut-être plus facile qu'il n'y paraît.

Et les résultats sont si encourageants.

D'ailleurs, si vous avez acheté cet ouvrage, c'est bien qu'il y a un côté « éducateur », « formateur », « agent d'évolution » — choisissez la mention qui vous plaît le plus — en vous et vous ne vous laisserez pas décourager.

Soyez donc persévérant.

Gardez bien à l'esprit ce que nous avons dit plus haut au sujet de votre pouvoir à accepter ou refuser le type de transactions que vos interlocuteurs vous proposent — de les considérer donc comme des « invitations ».

Nous verrons un peu plus bas comment éviter ce type d'invitation **sournoisement non-OK** que sont les jeux psychologiques.

Mais avant cela, nous voulons encore démystifier un autre « poison » dans les relations humaines.

Eviter la lecture de pensée

Ce que nous appelons « lecture de pensée » est encore un comportement erroné — mais très répandu — qui est source de très nombreux malentendus, et forcément, source de conflits.

Exemple de lecture de pensée :

« Ma femme ne supportera pas cette couleur de voiture », dit Jacques au vendeur qui lui propose une réduction de 5 % supplémentaire pour ce modèle « fin de série» s'il prend sa décision d'achat avant le lendemain soir.

Deux jours plus tard, en passant devant la vitrine du concessionnaire, Madame Michaux dit à son mari: «Pas mal, cette voiture jaune!» Jacques se précipite à l'intérieur, trop tard...

Jacques avait fait de la «lecture de pensée», c'est-à-dire qu'il pensait «savoir» que sa femme ne supporterait pas la couleur jaune de cette voiture.

Malheureusement, la plupart des gens ne font pas l'expérience décrite par cet exemple, et beaucoup de «lecture de pensée» produit des dégâts tellement infimes que les aspects négatifs de sa pratique n'apparaissent pas aussi clairement que dans l'exemple ci-dessus. Nous connaissons des couples qui ont éclaté à cause de la pratique de la «lecture de pensée» devenue insupportable à force d'être présente — pour l'un des partenaires.

Et, comble de l'«ignorance» à propos de ce qu'est l'amour, nous avons plusieurs fois rencontré des couples dont un des deux membres mesurait la capacité d'amour de son partenaire au degré de «lecture» de sa pensée. Quelle tragique erreur! Mais, comme beaucoup d'erreurs humaines — on n'enseigne rien au sujet de l'amour! — elle est assez répandue.

Qu'entend-on, au juste, par «lecture de pensée»?

C'est le mythe — très entretenu — selon lequel on peut savoir ce que quelqu'un d'autre pense.

Ce qui n'existe pas.

Bien sûr, ceux qui «croient» à ce mythe donnent des arguments qui entretiennent le trouble.

Qui ne connaît une mère de trois filles prétendant savoir ce que l'une d'entre elles pense en matière de choix de vêtements?

Ou un couple tellement fusionnel (symbiotique!) que ses deux partenaires vivent comme des jumeaux et où chacun des deux sait fort bien quel type de programme de télévision l'autre aimerait regarder ce soir?

Mais il y a une différence importante entre avoir repéré des habitudes, des goûts chez quelqu'un et « savoir » ce qu'il pense !

Et cette différence vaut la peine d'être prise en considération. Parce que la plupart des gens (sauf peut-être les amoureux de Peynet que nous avons évoqués plus haut) se considèrent un peu comme « violés psychologiquement » lorsqu'on leur affirme — surtout en présence de tiers — « savoir » ce qu'ils ont dans leur tête.

Ce que l'on a dans la tête — pensées et sentiments — sont d'ordre pour le moins aussi privé que les organes génitaux, voilà pourquoi il est primordial de respecter aussi cette « intimité »-là.

Voilà pourquoi, si vous voulez vivre des relations OK/OK avec les autres, et que vous avez peut-être pris l'habitude de « lire dans la pensée » des autres, nous vous invitons à abandonner cette pratique, et à la remplacer par l'usage de questions posées avec votre Adulte : « Quel est votre avis au sujet de... ? » ou « Comment trouves-tu... » « Que penses-tu de... ? »

Vous serez étonné de voir comment cela simplifie la vie ! Parce que cela consomme de l'énergie psychique que de chercher à savoir ce qui se passe dans la tête de l'autre... qui finit toujours par s'en rendre compte, et qui finit, sans doute, par « coller des timbres » pour cela.

Les 5 types de transactions OK/OK

Nous avons déjà présenté (dans le tableau de la page 78) ces quatre types de transactions OK/OK.

Elles impliquent, bien sûr, lorsqu'elles mettent en scène les Etat du Moi Parent et Enfant, qu'il s'agit du Parent OK ou de l'Enfant OK. (Revoir Jules (p. 102) qui engage l'échange de transactions par une transaction émise par son Enfant Adapté (en position non-OK de Victime).)

Les cinq transactions «Je suis OK-Tu es OK» sont donc :

1. La transaction Parent Normatif-Enfant
C'est la transaction par laquelle quelqu'un intervient positivement dans l'existence d'une personne pour le bien de cette dernière :

Exemple :

Parent Normatif : « Mettez ce casque sur le chantier ! »
Enfant : « Bien, Monsieur. »

Parent Normatif : « Ne mets pas tes doigts là-dedans ! »
Enfant : « Oui, Papa. »

Cet ordre implique l'obéissance de l'Enfant.

2. La transaction Parent Normatif-Adulte

Exemple :
Parent Normatif : « Allez chercher le dossier « S.A.V. »
Adulte : « Bien, Monsieur Maindiaux. »

Parent Normatif : « Virginie, il faut que tu sois rentrée à minuit. »
Adulte : « D'accord, maman. »

Cet ordre s'adresse à l'intelligence acceptante de l'Adulte.

Attention ! Parmi les transactions OK/OK, cette transaction peut être ressentie comme non-OK par beaucoup de gens (notamment par les adolescents).

Dans la vie professionnelle, il est recommandé de ne l'utiliser qu'après avoir pris un accord tacite à son sujet. (Exemple : « Brigitte, lorsque je suis pressé, il m'arrivera de vous demander d'exécuter certains ordres avec célérité. »)

3. La transaction Parent Bienveillant-Enfant

Exemple :

Parent Bienveillant : « Je comprends que vous soyez fatigué, rentrez vous reposer. »
Enfant : « Merci, Monsieur. »

Parent Bienveillant : « Tu t'es fait mal en tombant. Viens, je vais te consoler. »
Enfant : « Oui, Maman. »

4. La transaction Adulte-Adulte

Exemple :

Adulte : « Quel est le résultat de vos démarches, Grosjean ? »
Adulte : « Et bien voilà, j'ai d'abord rencontré le responsable du Département Recherches. Je lui ai présenté notre nouveau dispositif, puis il m'a proposé de le présenter à tout son service. Ce que j'ai fait, et… »

Adulte : « Dis Papa, c'est quoi une étoile ? »
Adulte : « Et bien, les petites lumières que tu peux voir, le soir, dans le ciel… »

5. La transaction Enfant-Enfant

Exemple :

Enfant : « Dis, Raymond, si on mettait ce texte en première page ? »
Enfant : « Ouais, chouette idée. Ça sera terrible… ! »

Enfant : « Dis, Félix, si on jouait à saute-mouton ? »
Enfant : « Ouiii, ça me plaît bien ! » ou « Nooon, je n'ai pas envie ! »

Du bon usage des transactions OK/OK

On l'aura compris, des cinq transactions OK/OK, ce sont surtout les 3e, 4e et 5e qu'il s'agit d'utiliser dans sa vie de tous les jours si l'on souhaite évoluer vers un mode de relations avec les autres basé sur la position de vie « Je suis OK/Tu es OK ».

• Les transactions émises à partir du Parent Normatif sont à utiliser avec parcimonie.

On doit les considérer comme indispensables dans l'éducation des enfants en bas âge. Les parents avisés arrêtent de les employer lorsque leurs enfants atteignent l'âge de 10 ans.

Et c'est précisément parce qu'elles rappellent la dépendance de la petite enfance que ce type de transaction est en général mal accepté par les adolescents et les adultes.

• Les transactions émises par le Parent Bienveillant sont l'une des sources de chaleur humaine les plus appréciables. On dit, à juste titre, que plus une personne est capable d'émettre des transactions à partir de son Parent Bienveillant, plus elle est recherchée pour « son agréable compagnie ».

Ne manquez pas d'occasion de vous montrer accueillant, prévenant, agréable avec les autres, de savoir les complimenter (avec sincérité, sinon l'Enfant Intuitif de l'interlocuteur s'en rendra compte) — ces compliments concerneront la personne, ses goûts, ses idées ou son travail.

Ne manquez pas une occasion d'encourager, d'offrir votre aide et votre protection.

• Lorsque vous êtes le récipiendaire d'une transaction Parent Bienveillant-Enfant, ne manquez pas de remercier celui qui vous aide ou vous complimente : « Merci. » et surtout pas les sempiternelles manières de « dévaloriser » un compliment, comme cela se pratique beaucoup en Europe, exemple : « Tu as un beau pull ! » « Mmm. Oh ! Je l'ai trouvé en solde ! »

Non, tout simplement : « Tu as un beau pull ! », « Merci. »

• Ne manquez surtout pas de multiplier les occasions de vivre des transactions Enfant OK-Enfant OK. Ce sont celles du rire, des plaisirs partagés. Mais aussi celles où l'on partage les grands sentiments « vécus sans censure » : colère, peur, tristesse.

C'est aussi la transaction d'amour : « Je t'aime. » « Je t'aime. » et celle de toutes les marques d'affection et de sympathie : « Je suis vraiment content de pouvoir faire ce travail avec vous. » « Ça me fait plaisir de sortir avec toi. » « Moi aussi. »

Ce sont enfin les expressions de l'Enfant Intuitif, présage de toutes les créativités que l'on peut commettre à plusieurs : « Et si on faisait comme ça ? » « Oh, oui, bonne idée. Alors, on pourrait... »

• Enfin, la transaction Adulte-Adulte est, sans doute, celle qui permet le mieux — dans toutes les situations de la vie — d'échanger les mille et un types d'informations dont nous avons besoin pour les choses les plus simples de l'existence (pour trouver son chemin, faire ses achats, apprendre à se servir d'un engin sophistiqué, demander une augmentation ou une explication à un savant ou un « spécialiste »).

Mais la transaction Adulte-Adulte est très importante, surtout parce que c'est celle qui nous permet le mieux de faire face — c'est-à-dire de maintenir la position OK/OK — chaque fois que quelqu'un, ou une situation, risquerait de nous entraîner vers une situation non-OK.

La transaction Adulte-Adulte pour informer d'une façon OK que l'on n'est pas d'accord ou pas disponible

Lorsque quelqu'un nous propose quelque chose qui ne nous convient pas, ou que nous ne soyons pas disponible pour accepter cette proposition, c'est la transaction Adulte-Adulte qui est la plus adéquate pour exprimer ce désaccord ou cette indisponibilité: « Je comprends fort bien ce que vous me voulez, mais je ne suis pas d'accord (ou: pas intéressé, ou: pas disponible). »

Comme les gens ne sont pas habitués à ce que quelqu'un (VOUS!) s'affirme avec autant d'aplomb, d'une manière aussi nette et aussi franche, ils vont souvent poursuivre leur manière de vous proposer une transaction non-OK, « comme si » ils n'avaient pas bien entendu votre réponse.

Dans ce cas (fréquent), il est conseillé d'insister avec votre Adulte: « Comme je viens de te le dire, cela ne me convient pas. »

Et encore... comme nous l'avons dit plus haut, si l'expression d'une transaction Enfant-Enfant est susceptible de mieux faire « passer » ma transaction Adulte-Adulte, pourquoi s'en priver!
— à condition qu'il ne s'agisse pas d'une « justification » (sans quoi, ce serait notre Enfant Adapté qui parlerait!).
Exemple de précision donnée par l'Enfant Libre: « Je te dis cela parce que je n'aime vraiment pas de... »
Exemple de ce type de précision donné par l'Enfant Libre à l'Adulte d'une personne vis-à-vis de laquelle on se trouve en position de subordination: « Je me permets de vous exprimer ce désaccord parce que la chose que vous me demandez est pénible pour moi. »

Eviter les jeux psychologiques

Ah! la grande affaire! Lorsque l'on expose pour la première fois les découvertes faites par Berne et ses collaborateurs, la plupart des gens seraient prêts à signer « sur le champ » un contrat de changement personnel dans le seul but d'éliminer de leurs vies ce « chancre » qu'est la pratique des jeux psychologiques.

Un praticien confirmé sait qu'il doit alors proposer de la tempérance aux participants zélés et leur conseiller de patienter et de procéder comme suit :

1. Donner l'information suivante :

« Lorsque je vous ai décrit le mécanisme des jeux psychologiques, je vous ai perçu comme étant très intéressé. Mon Enfant Intuitif (que certains nomment « Mon petit doigt » ou encore « Mon 6e sens ») me fournit des indications, que mon Adulte interprète de la façon suivante : il semble que ces personnes sont intéressées à identifier les jeux psychologiques **des autres** plutôt que les leurs. » (Ceci est confirmé par la trentaine d'années de pratique de l'AT.)

« Donner aux gens la possibilité d'identifier les jeux psychologiques que pratique leur entourage aurait pour effet de risquer de les amener à pratiquer un nouveau jeu psychologique que Berne, avec son acuité et son sens de l'humour bien développé, a, justement, baptisé « Analyse Transactionnelle ». Comme il l'a fait avec les autres jeux psychologiques. »

Berne a utilisé le vocabulaire courant pour étiqueter ce jeu. Voilà pourquoi il a, tout à fait évidemment, dénommé « AT » le jeu qui consiste à utiliser les outils d'AT pour détecter les jeux pratiqués par les autres.

Et cela arrive.

Certains ont, grâce à l'AT, élargi leur palette de jeux en utilisant leur Parent Persécuteur à la poursuite de leurs proches :

« Toi, tu joues avec Pierre à “Sans Toi” ou “Marie, cesse de jouer à “J'essaye uniquement de t'aider” ou encore “Non, François, arrête d'essayer de “M'attraper, mon salaud!”. »

Cet usage de l'AT peut être associé à un comportement tyrannique sur le plan psychologique.

Voilà un premier risque que je veux éviter.

2. Conseiller aux participants animés d'un désir sincère d'évitement de la pratique de jeux psychologiques (dans la perspective d'une évolution personnelle) de contacter un praticien pour traiter de cette délicate question, mais qu'en attendant, il les invite à:

3. Se mettre davantage à l'écoute de leur Enfant dans le but de chercher à développer leur Enfant Intuitif, lequel est la partie d'Etat du Moi la plus sensible à percevoir les invitations aux jeux psychologiques.

4. Lire et relire des textes explicatifs sur le fonctionnement des jeux psychologiques.

5. Commencer à repérer les jeux psychologiques dans lesquels les autres nous invitent à participer et les jeux psychologiques que nous-mêmes, nous induisons.

6. Et enfin, réfléchir aux avantages que nous retirons de ces jeux — il y en a toujours: apport de strokes, occupation du temps, petits plaisirs sadiques (Persécuteur) ou masochistes (Victime) avant de décider lesquels on choisit (le plus souvent, secrètement) de conserver et ceux que l'on souhaite éliminer.

Enfin, l'information circule aujourd'hui selon laquelle il est impossible de ne pas participer à des jeux psychologiques (d'après les écrits de Berne, on peut chiffrer à environ 75 à 80 % le temps consacré aux jeux. D'après d'autres transactionnalistes, 100 %).

Pour notre part, ces chiffres — pessimistes — semblent relever d'une généralisation (ce travail utile de notre cerveau par lequel nous n'allons pas vérifier nous-mêmes si tous les chiens ont quatre pattes) qui ne pouvait — forcément — pas tenir compte des trente années de pratique d'AT pendant lesquelles des milliers d'individus, tant en Amérique qu'en Europe, allaient se « défaire » de l'usage inconscient des jeux psychologiques.

Et si, enfin, on se décide,
— adopter l'attitude « **paradoxale** » qui serait celle d'un habitant de Mars*, de Sirius, du Bon Sauvage de Jean-Jacques, ou encore d'une enfant de 7 ans, dont les réponses « naturelles » ou spontanées ne nous paraissent paradoxales que par rapport à notre accoutumance inconsciente aux jeux psychologiques.

Autrement dit, c'est uniquement le fait que la pratique des jeux psychologiques est, non consciemment, tellement répandue dans nos sociétés occidentales, qui nous empêche de répondre d'une façon plus naturelle** aux invitations à entrer dans des jeux psychologiques.

Exemple de l'attitude paradoxale **dé-jouante** dont il est question :

A Jules qui se présente en Victime dans notre premier exemple de jeu :
— Hou la la (gémissement)... quelle nuit j'ai passée.
Réponse assertive (voir p. 262) :
— C'est vraiment ennuyeux. Que vas-tu faire pour cela ?

Cher lecteur, marquez ici un temps de pose. Vous êtes sans doute décontenancé. C'est votre droit.
.... (Indiquez votre âge moins six ou sept ans) années, entouré de jeux psychologiques, cela ne s'abandonne pas facilement !

---

* C'est davantage par rapport à son approche globale du comportement humain, que les commentateurs de Berne l'ont surnommé « le Martien », plutôt qu'à l'attitude spécifique que nous préconisons vis-à-vis des jeux psychologiques.
** L'emploi du mot « naturel » est très paradoxal, puisque rien n'est moins « culturel » que le langage.

Réfléchissez bien — marquez ce temps d'arrêt dont nous parlons. De quoi êtes-vous frustré? De quoi avez-vous peur?

D'être considéré comme « bizarre ».

Oui, c'est en effet ce qui risque de se passer dans la tête de Jules, habitué — rappelez-vous ce que nous disions sur le caractère récursif des jeux psychologiques — à « éveiller » le Sauveteur qui sommeille en nous.

Nous vous avions prévenu.

Mettre les pieds au pays de l'AT — ou plutôt les yeux dans un livre traitant du sujet — c'est prendre des risques. Des risques de vouloir changer. Et, en changeant, de ne plus forcément plaire à tous ceux qui nous connaissent bien — et qui, notamment, connaissent bien les ficelles pour nous faire entrer dans leurs jeux psychologiques, ou encore plus fort (réservés à nos proches), dans les nôtres.

Alors, on essaie avec un autre exemple?

Après tout, vous pouvez toujours refermer ce livre... ou l'offrir à quelqu'un à qui vous voulez :
— du bien*,
— du mal*.

Tout dépend du nouveau type d'autonomie que vous désirez acquérir par votre évolution.

« Mon mari brasse de plus en plus d'affaires. Et, du coup, *nous*, nous pourrons bientôt nous offrir une *vraie* maison, *nous!* »

Réponse assertive :
« Et bien, voilà une bonne nouvelle. J'en suis vraiment ravie pour toi! »

Difficile à répondre?

Songeons que ce qui nous dérange — de ne pas « rentrer » dans la bagarre verbale à laquelle nous invitent, comme cette dame, tous les joueurs de « le Mien est mieux que le tien » — est une habitude (parfois

---

* Biffez la mention inutile.

sérieusement) ancrée en nous par les milieux dans lesquels nous avons grandi.

Et que, d'une certaine façon, comme beaucoup de gens, quand nous nous retrouvons seuls avec nous-mêmes, nous regrettons les conséquences — disputes graves, ruptures — de ces jeux auxquels nous avons, inconsciemment, adhéré.

Alors, on continue ?

Voici maintenant quelques jeux psychologiques dont la réponse paradoxale semble, en général, difficile à donner :

• ***Schlemiel*** ou ***Le gaffeur***

Berne recommande l'attitude suivante.

L'anti-Schlemiel consiste à ne pas donner l'absolution demandée. Après que le joueur ait déjà dit : « Excusez-moi ! », allez-y d'une déclaration forte :

« Ce soir, vous pouvez mettre ma femme dans l'embarras, saccager les meubles et le tapis, mais ne me demandez pas de vous excuser, je ne le ferai pas ! »*

Berne note que là, vous risquez carrément de vous faire un ennemi.

• ***Les défauts***

C'est, en général, à la fin du jeu, à la dernière transaction qu'il faut répondre par une transaction souvent perçue comme difficile à émettre : « Oui, c'est vrai » à celui, celle qui depuis plusieurs minutes s'escrime à nous faire nous sentir mal — ce qui est son « bénéfice » de Persécuteur. Et c'est bien vrai qu'il s'agit d'une réponse difficile à émettre — et qui demande de se sentir déjà très OK avec ses limites pour répondre cela à quelqu'un qui énonce l'une d'elles à notre endroit.

• ***Jambe de bois***

Rappel : la personne qui joue à « Jambe de Bois » (métaphore de toutes les « insuffisances » ou, en tout cas,

* In « Des Jeux et des Hommes », E. Berne, Stock, Paris, 1975.

limites jugées comme insuffisances par le joueur) est dans une position de Victime espérant voir son problème pris en charge par un Sauveteur.

L'attitude paradoxale renvoie la personne à assumer ses responsabilités :

« Comment voulez-vous que je fasse ça, moi qui n'ai jamais appris à... ? »

« Oui, comment allez-vous vous y prendre ? »

• ***Oui, mais***

Rappel : est le jeu joué par une personne qui, après avoir sollicité un avis, renvoie la réponse : « Oui, mais... ça ne marchera pas, parce que... »

Même intervention paradoxale que « Jambe de Bois »
« Alors, comment allez-vous faire pour... ? »

• ***J'essaie uniquement de vous aider***

Rappel : jeu (souvent) long où la Victime vous aide, sans que vous le lui ayez demandé, pour pouvoir terminer en accusateur-Persécuteur lorsque vous vous montrez excédé par son empressement.

Intervention paradoxale : « Michel, j'apprécie ton aide et je préfère te la demander. »

Pour les jeux à caractère sexuel, ou les jeux ayant un caractère grave, nous préconisons :
1. De manifester sa non-indifférence à la proposition faite : « J'ai bien entendu ce que tu me dis » ou « Je vois bien ce que vous voulez. »
2. D'exprimer avec fermeté sa non-disponibilité :
« ... mais cela ne m'intéresse pas » ou « ... mais je ne suis pas disponible. »

S'il vous est difficile de ne pas « jouer » un jeu psychologique en position de Victime, nous nous trouvons alors dans la situation où l'intervention d'un praticien est souhaitable.

La confrontation OK

Qu'est-ce que confronter quelqu'un ?

C'est lui faire comprendre, lui dire que quelque chose dans son comportement — dans ses actes, dans ses paroles, dans sa façon de faire — ne va pas, n'est pas OK.

C'est pourquoi la confrontation est essentiellement un moyen utilisé en thérapie.

Cela ne veut pas dire qu'on ne peut confronter les autres dans la vie courante.

Il faut cependant bien prendre conscience de la chose suivante.

La confrontation non-OK est vieille comme le monde.

Les hommes n'ont pas attendu l'AT pour dire « ce qu'ils pensaient » des autres.

Mais si 3000 ans de confrontation non-OK n'ont pas toujours servi à grand-chose, c'est que confrontation non-OK signifie vexation, dévalorisation, moquerie, insulte.

Ce qui a pour effet d'être irrecevable pour celui à qui elle s'adresse.

Elle est en général prononcée par le Parent Normatif Persécuteur ou l'Enfant non-OK qui rejette brutalement l'autre : « Tu m'ennuies », « Tu n'es pas capable de... », « Va-t'en, tu m'ennuies. »

Pour qu'une confrontation soit OK, il faut qu'elle respecte quelques règles :

1. Dissocier la pratique du jugement de la résolution de problème. Lorsque quelqu'un dit ou fait quelque chose qui nous déplaît, il s'agit davantage de résoudre le problème que cela nous pose que de juger le comportement de cette personne.

(Attention ! Si ceci vous paraît « énhaurme », c'est peut-être que votre Parent Normatif Persécuteur n'a pas tellement envie d'abandonner les jeux dans lesquels il peut juger les autres. Dans ce cas, consultez votre praticien en AT !)

2. Décrire avec précision les faits reprochés: «Claude, tu as mal refermé le bouchon de l'encrier.»

3. Donner l'information sur notre propre sentiment de frustration — c'est exprimer en quoi le comportement concerné nous dérange ou nous déplaît: «cela m'irrite, parce que je n'aime pas retrouver l'encre séchée.»

4. Demander d'une façon explicite un comportement de remplacement: «Et je te demande de veiller désormais à bien refermer le bouchon.»

Et voilà.

Pratiquer la confrontation OK, cela change les relations, cela change la vie, cela change le monde.

Ce n'est pas plus difficile que cela. Un principe (1 ci-dessus) et 3 règles (2, 3, 4).

Attention à un danger!

Pratiquer la confrontation (lorsque cela se passe fréquemment), cela peut rapidement devenir un jeu psychologique tyrannique.

Nous recommandons donc d'utiliser la confrontation OK uniquement pour régler les petits problèmes de la vie quotidienne et d'en réserver son usage aux praticiens dans le cadre d'un contrat en bonne et due forme.

3

L'AMÉLIORATION DES RELATIONS DE TRAVAIL

La question : faut-il s'aimer, s'apprécier ou se comprendre dans le monde du travail ?

Les organisations et les entreprises participent à la vie sociale et économique.

En offrant des produits et des services.

En proposant des emplois.

Les organisations qui offrent à leurs collaborateurs des conditions de travail décentes et traitent ceux-ci avec respect représentent l'une des formes organisées de la vie sociale les plus avancées de la civilisation occidentale.

On sait aujourd'hui fort bien que si la raison d'être première d'une organisation consiste bel et bien à développer une certaine rentabilité par la vente de biens ou de services ou à dispenser des services de qualité au public d'une nation — quand ce n'est pas d'un continent tout entier, et, qui sait, demain ? de la planète toute entière —, l'atteinte de ces objectifs premiers dépend de la qualité des communications techniques et humaines.

Pour atteindre de tels objectifs, il n'est pas nécessaire que les collaborateurs d'une organisation éprouvent mutuellement des sentiments d'affection (qu'ils s'aiment).

Par contre, il faut considérer qu'il est pour le moins indispensable qu'ils se comprennent. (Oh ! le nombre impressionnant de ratages de tous ordres dus à l'incompréhension de directives relativement simples !)

Mais, surtout, on peut affirmer aujourd'hui qu'une telle qualité est théoriquement et humainement accessible ! – qu'elle favorise grandement l'atteinte de ces objectifs.

Un climat psychologique positif dépend bien sûr de l'ensemble des conditions de travail (politique de rémunération, qualité des lieux de travail, politique sociale – relations avec les autorités, les représentations des travailleurs, politiques de promotion et de formation, etc.).

Mais un climat psychologique dans une organisation dépend – avant tout – de la qualité des communications sur le plan humain.

Ce type de constatation s'inscrit comme **plus petit commun dénominateur** sur lequel tous s'accordent aujourd'hui.

Un **climat lourd** provoque des tensions, des erreurs, des ratages, des conflits (parfois avec les clients, les fournisseurs ou les services publics), de la passivité, de la stagnation , de l'« à-quoi-bon-isme ».

Un **climat porteur** développe les réussites, les initiatives positives, l'enthousiasme, la créativité, des attitudes gagnantes et « motivées ».

Ce qui est vrai au niveau global de l'organisation l'est, évidemment, au niveau de chacune de ses cellules.

La réussite de la plupart des activités dépend désormais des compétences techniques **et** de la qualité des contacts humains.

Qu'il s'agisse de vente, de négociations, d'animer et de mobiliser les collaborateurs, de la réussite des réunions ou de la résolution des problèmes.

S'aimer ?
Pas indispensable, avons-nous dit.

S'apprécier ?
Oui, dans la mesure où l'appréciation mutuelle est une base minimale en matière de relations OK-OK.

Se comprendre ?

Il y a deux sens aux mots « se comprendre ».

Se comprendre est souvent employé pour signifier *admettre* le comportement de l'autre.

Dans ce sens strict, on peut imaginer *recommander* un type de comportement humain qui appartient davantage à l'ordre du *jugement*, pratiquement toujours basé sur des sentiments et des émotions.

Nous nous contenterons – pour cet aspect de la vie professionnelle – de constater que les professionnels compétents sont des gens qui emploient davantage leur Adulte, pour s'intéresser aux faits, que leur Parent Normatif pour émettre des jugements, comme le font encore énormément de cadres, de dirigeants et d'employés dans les pays francophones.

A ce sujet, il importe de préciser que le très beau projet « Zéro Mépris » de Hervé Sérieyx implique très précisément ce qui vient d'être décrit.

Se comprendre signifie aussi être capable de comprendre le sens de ce que son interlocuteur vient de dire, vient d'émettre. Dans ce sens, il est non seulement souhaitable qu'il y ait compréhension, mais il faut même dire que c'est impérativement indispensable.

Les sciences humaines ont gardé en mémoire l'incident qui a bien failli coûter la paix en Corée, à la session de l'ONU en 1953, à cause d'une mauvaise compréhension des mots prononcés par Paul-Henri Spaak, alors secrétaire général.

Gageons que si on les avait recensées, on trouverait dans la vie professionnelle des incompréhensions qui ont coûté fort cher.

Les transactions positives

• Il importe donc que les collaborateurs d'une organisation soient capables d'échanger de bonnes **TRANSACTIONS ADULTE-ADULTE** pour tout ce qui concerne le bon fonctionnement de l'entreprise, et plus particulièrement :

— La transmission d'informations pertinentes, claires et précises

Exemple :
« Comment fait-on pour obtenir un imprimé "Demande de réparation" ? »

« Pour cela, vous devez tout d'abord relire ce document, en y apportant, d'une façon manuscrite, les améliorations et suggestions nouvelles qui vous paraîtraient judicieuses. Ensuite, vous devez signaler à Bertrand, votre chef de service, la nécessité de réimpression de nouveaux documents. Vous lui remettez en même temps votre document sur lequel figurent vos suggestions. Bertrand vous dira probablement alors comment prendre contact avec l'imprimeur. Est-ce bien clair ? »

« Donc je... (etc.) »

— L'échange d'informations simples et utiles

Exemple :
« Où se trouve le bureau des Etudes ? »
« Dans le bâtiment n° 3, au 2e étage. »
« Merci. »

— La bonne compréhension des objectifs

Exemple :
« Dans ce service de recrutement, l'accueil des candidats constituera 75 % de votre travail.

C'est bien parce que nous avons apprécié en vous des qualités de contact que nous vous avons choisi !

Le reste de votre travail consistera à donner des informations par téléphone et à effectuer quelques relevés statistiques.

Je vous expliquerai en quoi consiste l'accueil des candidats.

Je vais tout d'abord vous décrire l'activité et je vous dirai ensuite comment je considère qu'il faut faire pour bien exécuter ce travail.

Il se présente en moyenne vingt personnes par jour qui postulent pour un emploi dans notre société. Certains jours, trente personnes se présentent, d'autres, moins de dix.

Accueillir un candidat, c'est tout d'abord créer un premier contact rassurant et agréable.

Nous devons réussir ce premier contact pour plusieurs raisons. Tout d'abord, nous sommes une firme commerciale, et si nous devons refuser dix-neuf candidats sur vingt, il importe que ces dix-neuf personnes quittent la société avec une bonne impression, ce qui est d'autant plus difficile pour quelqu'un qui vient d'essuyer un refus.

Les candidats entrent dans le hall d'accueil et il est très important que vous vous leviez pour aller à leur rencontre.

Si vous êtes occupé à remplir un document administratif, j'attends de vous que vous vous interrompiez pour donner priorité à la personne qui arrive.

Je considère en effet qu'il est désagréable de s'adresser à un employé d'administration, par exemple, qui vous répond : un instant, je suis occupé.

Non. Priorité à l'accueil. C'est la politique n° 1 de notre service. Ensuite, c'est aussi du meilleur effet pour les gens qui entreront dans l'entreprise. Ils garderont un fort bon souvenir de leur contact avec le service du personnel.

En vous adressant au candidat, vous vous présentez : *Bonjour Madame* ou *Monsieur, je suis Pierre Dupré, du service de recrutement. Que puis-je faire pour vous?*

Le candidat vous répond habituellement qu'il a lu votre annonce. Vous l'invitez alors à prendre place dans un fauteuil du local 118 où vous l'accompagnez... (etc.). »

— La bonne formulation des problèmes à traiter

Exemple :

« Le nombre de visiteurs à notre stand à la foire de Marseille a été insuffisant l'année dernière. Il nous faut dès à présent nous occuper de la façon de régler ce problème pour l'année prochaine. Quelqu'un a-t-il une suggestion à émettre à ce sujet ? »

« Chef ! Que penseriez-vous de mettre en application les techniques de résolution de problèmes que nous avons apprises au dernier séminaire "Réussir ses Réunions" ? »

« Vous pensez à quoi précisément, Nestor ? »

« Aux techniques de recherche de solutions nouvelles. »

« Bien, Nestor. Pouvez-vous vous occuper de mettre sur pied et animer une séance de créativité sur ce sujet ? »

« Oui, chef. Quand cela? Et avec qui ? »

« Comme cette question est pressante, je souhaite que cela se fasse la semaine prochaine. Avec Antoine, Nelly, Jacques, Alice, vous, Nestor, et moi-même. »

« Parfait. Je m'en occupe. »

• Sont également nécessaires à la vie des entreprises, les **TRANSACTIONS PARENT BIENVEILLANT-ENFANT** pour soutenir, aider, encourager les autres face aux difficultés de la vie professionnelle.

Exemples :
« Bravo, Marc, tu as fais là un excellent travail. »
ou :
« J'apprécie vraiment la façon dont tu t'y es pris avec Maurice pour traiter ce problème délicat de remise. »
ou, tout simplement :
« Bravo, Marc. Je te félicite. »
« Agnès, j'apprécie tout le travail que vous avez fait depuis hier. Si vous alliez prendre un café pour vous détendre un moment ? »

• Enfin, les **TRANSACTIONS ENFANT-ENFANT** sont tout à fait indispensables au bon équilibre des personnes dans la vie professionnelle (sans quoi les « marmites » risquent d'exploser)... et c'est alors que surgissent les erreurs, les tensions, les conflits... et les jeux psychologiques.

Plusieurs types de transactions se succéderont dans des moments importants de la vie professionnelle.

Les contrats

• Les **contrats de changements.**

Exemple :

« Ce que j'attends de toi, Luc, c'est que lorsque tu vas porter les listings, les résultats de comptabilité au service Statistiques : 1. tu donnes toutes les informations qui sont sur les fiches; 2. tu les commentes; 3. tu vérifies si ces données sont bien claires pour les gens de la statistique; 4. et tu ne quittes le service Statistiques que lorsque toutes ces informations sont bien comprises par eux.

J'apprécie que tu cherches à créer un contact avec les gens du service Statistiques, mais j'attends de toi que tu le fasses d'une autre façon, c'est-à-dire que tu t'intéresses aux gens eux-mêmes et à ce qu'ils font, à ce qui les intéresse, eux (je considère comme OK de passer un peu de temps à bavarder d'extra-professionnel), que tu parles de toi-même d'une façon positive (ce que tu fais, ce qui t'intéresse), et j'attends aussi de toi que si l'on t'invite à critiquer la maison, ou quelqu'un, tu n'« embraies » pas. Est-ce que ce que je dis est clair pour toi ? Dans un mois, je reverrai le chef du service Statistiques et je lui demanderai son avis.

Je te le communiquerai à ce moment-là... (etc.). »

• Pour les **contrats de confrontation sur des aspects de comportement,** il nous paraît tout à fait primordial d'insister sur l'impérative nécessité de ne s'en tenir qu'à des comportements strictement liés à la vie professionnelle et décrits avec la plus grande spécificité.

Exemple :

« Birgit, je n'aime pas et je crains pour la bonne réputation de notre service lorsque je vous vois rester plus de 15 minutes au distributeur de café. Je vous demande de vous montrer attentive à ne pas y rester plus longtemps. Merci. »

Sans quoi, on risque très vite de se retrouver dans un jeu psychologique.

Les jeux psychologiques dans les organisations

Ils sont légion. Et ce sont en fait les vrais « coûts cachés » des organisations.

Ils sont presque impossibles à supprimer*.

Mais chacun, en en prenant conscience, peut réduire le nombre de jeux auxquels il est invité à prendre part en faisant confiance à son Enfant Intuitif (*Petit Professeur*) pour les « sentir » et à son Adulte pour les analyser.

« Le mien est mieux que le tien »

Jeu de base dans les milieux civilisés, il peut être considéré comme émulation positive lorsqu'il est consacré à des talents, des compétences, des réussites utiles à la collectivité de l'organisation. Il devient négatif lorsqu'il s'agit de compétition non-OK :

« Notre manière de faire est nettement supérieure à la vôtre. »

Et très négative lorsqu'il s'agit d'attributs :

« Mon bureau est nettement mieux situé que le tien. »

Exemple :

« Tiens, vous êtes toujours dans la distribution de tabacs ? »

« Oui. »

« Et les affaires sont bonnes ? »

« ... »

« Mais ça fait combien d'années que vous êtes dans ce secteur ? »

« Dix ans. »

« Tiens, aussi longtemps que moi dans l'électronique. Et, dites-moi, c'est toujours *vraiment* satisfaisant ? »

---

* D'autant plus que les membres de la Direction « jouent » les leurs !

« Ceux-là » ou ***« Sans eux »***
Consiste à trouver des « partenaires » pour « casser ensemble du sucre » sur le dos d'un autre (département, usine, un collègue, un chef, le patron). Se pratique souvent en réunion, tout comme ***« Pourquoi n'essayez-vous pas... — Oui, mais... »***, ***« Cette fois, je te tiens »*** et ***« Défauts »***.

La plupart des jeux psychologiques « démarrent » dans la vie professionnelle lorsque quelque chose « ne va pas » et que quelqu'un fait une confrontation non-OK.

Imaginez la différence entre la confrontation non-OK suivante (très répandue, faut-il le rappeler) et sa version OK :

« Eh Dupont... L'affaire Janssens, quel merdier vous m'avez foutu là ! Z'êtes pas fichu de traiter une affaire délicate mieux que ça !... Et dire que c'est bardé de diplômes ! Ah ! la la ! »

Imaginez l'effet produit sur Dupont, surtout que de nombreux chefs font cela « devant les collègues »; mais imaginez la différence produite par la confrontation OK suivante :

« Dupont, je ne suis pas satisfait de la façon dont vous vous y êtes pris en ce qui concerne l'affaire Janssens. Venez dans mon bureau, je vous expliquerai ce en quoi j'estime que vous vous êtes trompé. »

Dans le bureau, description détaillée des faits non acceptés, suivie du commentaire « en quoi cela me dérange » :

« Cela me gêne beaucoup parce que l'affaire Janssens me tient à cœur. Je me suis fait un point d'honneur à réussir cette affaire auprès de la Direction Générale. »

Suivi d'une demande précise :

« Je vous demande donc de recontacter Janssens et de leur proposer un nouveau rendez-vous au cours duquel vous leur présenterez la nouvelle formule Mach 3. »

Et Dupont ?

Que peut-il faire si, comme cela se produit fréquemment, il doit *faire face* à la confrontation non-OK décrite ci-dessus ?

Il est dans cette situation encore si répandue dans la vie professionnelle où un « supérieur » hiérarchique profite de la situation pour « défouler » ses pulsions agressives « à l'occasion » d'un événement socio-professionnel qui, selon ses propres critères, le permet. C'est une « invitation » — quelque peu forcée — à entrer dans un jeu psychologique « Défauts ».

Dupont risque d'entrer dans le jeu psychologique s'il laisse son Enfant être accroché par la phrase « ... Et dire que c'est bardé de diplômes ! Ah ! la la ! »

Si, par contre, Dupont examine ce qui est dit avec son Adulte, celui-ci peut le renseigner sur le fait qu'une phrase comme « ... Et dire que c'est bardé de diplômes ! » n'est pas un apport d'informations — au sens strict — et que les seules informations qu'elle contient proviennent du ton employé par le Directeur. Cette information-là signifie que la personne qui l'émet n'est visiblement pas contente.

Dupont — qui a tiré grand profit d'un séminaire d'initiation à l'AT — sait que la première chose à faire en face d'une personne qui manifeste une émotion, c'est de *reconnaître* cette émotion.

La première chose que nous conseillons donc à Dupont de dire, c'est donc quelque chose comme : « Je vois, Monsieur le Directeur, que vous n'êtes pas content. »

Chaque fois que nous avons donné cette explication, dans de nombreux séminaires en milieu professionnel, une personne se levait et disait :

« Aah ! la belle réponse ! Je me vois dire ça à mon patron. Aah ! Tu parles que je ne suis pas content ! Je suis même furieux ! » Eh bien, voilà qui est encore plus précis. On obtient une information supplémentaire sur les émotions du patron.

C'est curieux: la *bonne réponse* suggérée ci-dessus est souvent imaginée prononcée sur un ton très «cour de Versailles». (Notre Enfant Intuitif nous dit que ces personnes imaginant difficilement l'usage de la bonne réponse tiennent d'une certaine façon à entrer dans la bagarre du jeu psychologique.) Continuons donc.

Après cette première phrase Adulte-Adulte, il faut impérativement poursuivre avec le même type de transaction, en ayant pour objectif de *résoudre le problème* de la meilleure façon. La première étape étant d'interroger le Directeur sur les raisons de son insatisfaction:

«Voulez-vous me dire, Monsieur le Directeur, ce qui vous rend insatisfait?»

«Eh bien, c'est la façon dont vous avez traité l'affaire Janssens! Quel bordel vous avez fait là!»

Dupont ne peut poursuivre que sur le même mode Adulte-Adulte:

«Pouvez-vous me dire, de manière spécifique, ce qui s'est passé avec l'affaire Janssens?»

Ici, si le patron est un grand «joueur» (au sens de l'AT, bien sûr), le risque existe qu'une première fois, son Enfant considère qu'il y a là un «piège» et qu'il ne renchérisse avec un ton Persécuteur: «Eh bien, Dupont, vous voulez jouer au plus malin avec moi?»

La seule façon de «rétablir une communication OK/OK» est alors de le déclarer, avec fermeté, si besoin:

«Ce que je souhaite, Monsieur le Directeur, c'est que vous m'aidiez à redresser les erreurs que j'ai pu commettre avec Janssens, de façon à ce que vous et moi, nous réussissions le mieux possible avec Janssens!»

«Bon, bon...»

«Pouvez-vous me dire quelles sont ces erreurs et, surtout, ce que vous me conseillez de faire, maintenant?»

«Eh bien voilà! Comme vous le savez, Janssens est le plus important client que nous ayons en Belgique et...»

Voilà, pour presque toutes les confrontations professionnelles, **quatre règles :**

1. Reconnaître les sentiments ou émotions en présence.

2. Répondre ou proposer des transactions Adulte-Adulte orientées vers l'objectif de ce que l'on veut traiter pour échapper aux invitations aux jeux psychologiques dans la vie professionnelle (75 % des échanges professionnels, selon G. Barnes).

3. Revenir (si besoin, avec insistance) à la transaction Adulte-Adulte orientée vers l'objectif de la discussion.

4. Ne pas oublier de ménager des moments pour notre Enfant — sans quoi, il se manifestera d'une façon ou l'autre.

Les scénarios d'entreprises

Les organisations (les entreprises en particulier) ont bien souvent des « scénarios » comparables à ceux des humains. Bien que tous les transactionnalistes ne partagent pas ce point de vue, nous ne voulons pas manquer de vous offrir l'intérêt de cette observation, remarquablement défendue par Dominique Chalvin, qui décèle quelques scénarios répandus dans les entreprises françaises (voir Bibliographie).

A ces scénarios correspondent des décors, des costumes et des paroles typiques.

1. La guerre

Le ton général, la phrase qu'on entend le plus, c'est : « Vous comprenez, nous sommes en guerre... »

Et toute l'entreprise suit.

Les bâtiments sont sobrement fonctionnels (souvent, sombrement).

Mobilisation permanente qui laisse peu de place aux réunions, aux consultations... et, donc, à la créativité.

« Vous comprenez, il y a plus urgent que rêver ! »

Economie de moyens, le luxe est proscrit.

Dans les cas extrêmes, c'est un homme en blouse grise qui s'occupe de l'accueil — en même temps que du central téléphonique d'où il lance des appels par haut-parleurs.

Style exemplatif : les entreprises chinoises et soviétiques.

2. La cour de Versailles

Dans ces anciennes entreprises familiales, la direction se trouve retranchée dans son « château de Versailles » d'où le Roi et la haute noblesse règnent à distance, sans trop se mêler au peuple ni aux hobereaux — les cadres (considérés comme messagers de la Cour — ou des dieux de l'Olympe, comme dit D. Chalvin).

La cour prononce des injonctions informelles mais connues de tous :

« Soyez comme nous, mais restez à votre place. »

« Ne cherchez pas à communiquer avec nous. »

Ce qui implique que les cadres se modèlent sur la Direction, tout en étant invités à ne pas vouloir participer aux décisions.

« A chacun ses prérogatives. »

Ce qui entraîne beaucoup de relations symbiotiques en chaîne.

3. Anciens combattants

On est toujours les « anciens combattants » d'une guerre économique ou l'autre.

« Le jour où on a damé le pion à... »

Dans les entreprises marquées par ce scénario, le passé est toujours valorisé par rapport au présent.

« La technique était archaïque, mais ça donnait de l'intérêt aux problèmes à résoudre, tandis qu'aujourd'hui, avec les ordinateurs... »

« On ramait, mais il y avait un vrai esprit maison... »

Ce scénario coûte cher en temps perdu.

Formation à l'AT

La formation à l'amélioration des relations professionnelles, le développement de la créativité, l'amélioration du contact du personnel des services commerciaux et des services d'accueil sont quelques-uns des domaines d'action dans lesquels l'AT a été beaucoup utilisée, depuis 25 ans, tant aux Etats-Unis qu'au Canada, qu'en Europe.

Sa volonté de traiter avec une relative simplicité des réalités humaines l'a fait réussir là où les formations traditionnelles à la psychologie humaine n'avaient bien souvent que réussi à effrayer personnel, cadres et directions.

Pour l'utilisation des outils d'AT dans ces perspectives de formation, il est hautement recommandable d'appliquer la **règle du contrat triangulaire,** définie par Fanita English, vers 1970, à savoir qu'un contrat de formation en organisations n'a de chance de porter des fruits qu'à condition d'être tripartite.

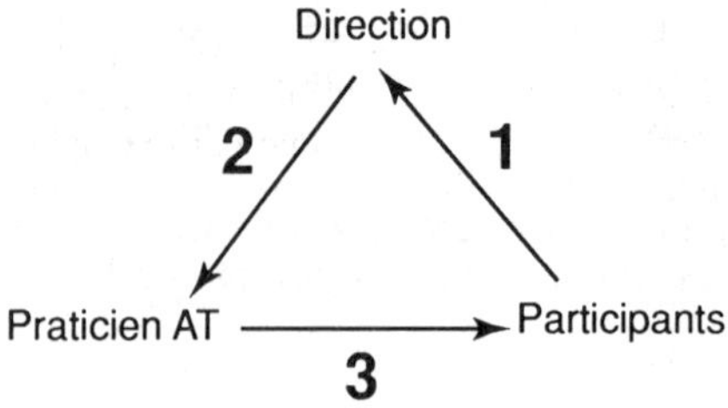

Il doit comprendre ces 3 volets :

1. La définition de l'objectif de changement voulu par la Direction auprès des participants. (Il est évident que ce volet du contrat sera d'autant plus efficace qu'il aura été établi avec la consultation des participants, selon un mode participatif.)

2. Un contrat spécifiant au praticien AT ce que la Direction attend de lui et l'engagement (en réponse) du praticien à atteindre cet objectif.

3. L'établissement d'un contrat entre praticien et participants avec révélation de ce que tous savent.

GUIDE POUR LA FORMATION EN ORGANISATIONS

L'AT se révèle très intéressante — parce que accessible et efficace — dans différentes actions de formation souhaitables dans les organisations, comme par exemple :
— la formation des cadres à l'animation d'équipes;
— la formation du personnel de vente et d'après-vente dans les entreprises de vente et de service;
— l'introduction aux réunions de résolution de problèmes et de créativité.

Il n'est pas nécessaire de faire une présentation complète des concepts d'AT pour l'utiliser dans des sessions de formation au contact commercial, ni au cours d'une réunion de créativité.

Nous vous proposons ci-dessous deux « modèles », empruntés à René Delattre, animateur de formation, permettant de proposer aux participants d'une séance de formation en milieu professionnel, de tirer profit des apports de l'AT.

Courte introduction aux concepts de base en AT

« Pour la séance de travail qui va suivre, et dont l'objectif est :
— la recherche d'un maximum d'idées nouvelles en matière de...
— l'amélioration des relations avec la clientèle,
nous allons utiliser les explications **simples,** mais cependant **pertinentes,** que nous fournit une école de psychologie américaine qui s'appelle Analyse Transactionnelle — en abrégé AT.

L'AT distingue dans le Moi de chaque individu trois façons d'être — on dira trois « Etats » différents (dessiner les 3 cercles des 3 Etats du Moi). L'AT donne des noms empruntés à la vie de tous les jours pour nommer ces 3 Etats qui sont, je le rappelle, présents en chacun de nous :

L'Etat Parent (mettre un P majuscule dans le premier cercle), c'est l'Etat, en nous, qui contient les comportements que nous avons appris des autres, généralement à notre insu, et que nous reproduisons dans les situations de la vie où nous voulons faire preuve d'autorité, c'est pourquoi on l'appelle Etat Parent.

L'Etat Adulte (mettre un A majuscule dans le deuxième cercle), c'est notre capacité de réfléchir par nous-mêmes, d'échanger des informations avec les autres, de demander des choses. Aussi bien "Veux-tu bien me passer le sel?" que "Qu'est-ce qu'un trou noir?" ou encore l'expression contrôlée de nos émotions : "Je ne suis vraiment pas satisfait de la façon dont nous avons été reçus, ma femme et moi".

L'Etat Enfant (mettre un E majuscule dans le 3e cercle), c'est la partie de notre Moi qui contient et exprime nos besoins, nos sentiments, nos émotions — et aussi notre capacité créative personnelle.

Aucun Etat du Moi n'est bon ou mauvais, mais il faut cependant considérer qu'avec les enregistrements contenus dans notre Etat Parent, nous pouvons "Persécuter" les autres en nous moquant d'eux, en les critiquant, en les dévalorisant. Tout comme nous pouvons agir en "Sauveteur", c'est-à-dire en étant sur-protecteur avec eux. Ces deux façons de faire consistent à traiter l'Etat Enfant de l'autre en Victime — un rôle que chacun peut également initier par soi-même.

Lorsqu'un Parent-Adulte-Enfant rencontre un autre Parent-Adulte-Enfant, qu'est-ce qui se passe? (Dessinez en face des 3 premiers cercles 3 autres cercles avec les 3 lettres P, A, E.)

Faire une pose, puis dire : des échanges, des relations ou ce que l'AT va appeler des "transactions".

D'où le nom de la méthode, Analyse Transactionnelle. »

Suite pour la réunion de recherche d'idées nouvelles

« Quand on cherche à résoudre un problème par la recherche de solutions nouvelles, ce qui rend habituellement la production d'idées nouvelles faible, c'est que dès que quelqu'un exprime une piste, un embryon d'idée avec son Etat Enfant, les Etats Parent des autres participants le bombardent de critiques, d'avis négatifs qui paralysent la créativité de tous : "Ça ne peut pas marcher, ça!", "On a déjà essayé!", "Soyez sérieux, de Lassus!"

Il faudrait alors beaucoup de courage aux personnes sur le point de laisser leur Etat Enfant poursuivre leur démarche créative, pour contrer de telles habitudes.

C'est pourquoi, aujourd'hui, je vous propose — pour chercher des solutions nouvelles à notre problème de... — d'agir d'une façon différente. Puisque l'AT nous apprend que la partie créatrice se trouve dans l'Etat Enfant des participants, elle nous enseigne également que pour "libérer" celle-ci, il nous faut adopter — le temps de la phase de recherche d'idées-pistes — les principes suivants :

« Pendant que nous recherchons des idées-pistes, toute expression critique de l'Etat Parent de chaque participant est interdite. Par contre, l'expression spontanée de l'Etat Enfant est non seulement permise, mais hautement souhaitée. »

Pour la suite de l'animation d'une réunion de résolution de problèmes et de recherche d'idées nouvelles, consulter « Réussir ses réunions » par René Haupeman, chez Marabout Service n° 1830.

Suite pour une formation au contact clientèle

Il existe des transactions OK-OK qui sont celles que doivent proposer, ou vers lesquelles des employés d'un service commercial doivent tendre avec leurs clients.

Ce sont :
— la **transaction Adulte-Adulte,** transaction souveraine pour les relations employés-clients :

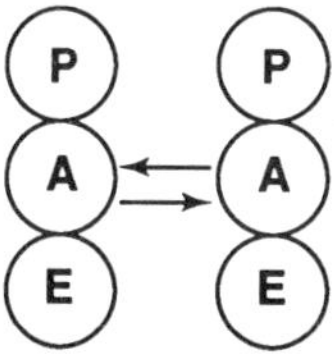

« Combien de temps durera la réparation ? »
« Vous pourrez disposer de votre appareil mercredi, à partir de 9 heures ! »

— la **transaction Parent Bienveillant-Enfant,** pour rassurer le client :

« Je comprends votre inquiétude, mais je peux vous garantir que nos techniciens vont être en mesure de réparer votre appareil. »

— la **transaction Enfant-Enfant,** pour exprimer une complicité, le rire ou l'inquiétude :

« Ayayaiie ! Ça a dû faire mal quand vous vous êtes rendu compte que c'était cassé. »

A partir de ce qui est acquis, il est souhaitable de proposer aux participants de trouver par eux-mêmes quels types de transactions ils vivent avec leurs clients et de les inscrire sur un tableau.

Cherchez à guider les participants à exprimer tout d'abord les transactions OK-OK.

Notez ensuite les situations non-OK. Dressez-en la liste et poursuivez :

« Oui, bien sûr, un client peut nous aborder par une "invitation" non-OK. Ce sera presque toujours à partir de son Etat Parent Normatif, qui contient — rappelons-le — les enregistrements de jugements et la façon de les formuler. En AT, on appelle cela le Parent Persécuteur.

Ce Parent Persécuteur va essayer de nous faire "sentir mal", de nous rendre Victime. »

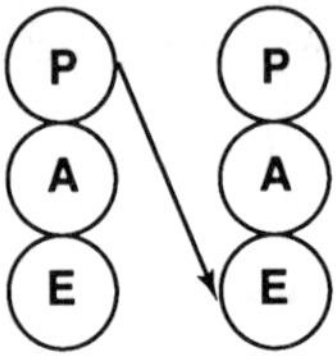

« Espèce d'incompétent, c'est toujours la même chose, quand on s'adresse à vous. Vous n'êtes que des incapables. » (Persécuteur)
« Oui mais, Monsieur, vous comprenez. On n'a pas pu... » (Victime)

L'autre façon non-OK par laquelle un client peut aborder un employé commercial, c'est lorsqu'il s'adresse à celui-ci à partir de son Etat Enfant Victime :

« Aah ! Ça ne va pas du tout ! Je ne sais plus du tout comment faire ! Ouh la la ! C'est grave, n'est-ce pas ? »

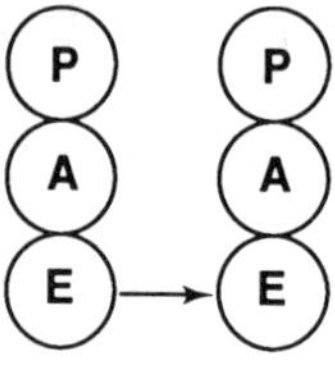

Dans tous les cas où un client nous aborde d'une façon non-OK, il importe :

1. de manifester un « accusé de réception » — qui compte. Prononcé avec son Etat Parent Bienveillant, dans tous les cas où la « charge émotionnelle » est importante :

« Je vous comprends très bien. »

« Je comprends que ce soit pénible pour vous de constater que... »

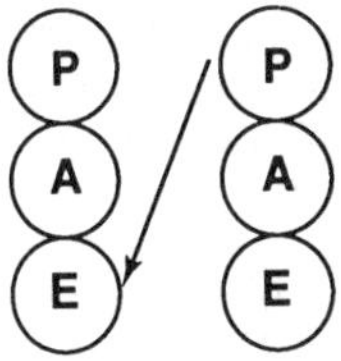

2. d'inviter le client à se remettre dans son Adulte en recueillant les informations concernant son problème :

« Voulez-vous me dire exactement ce qui ne va pas? C'est donc au démarrage que vous avez constaté le... » en mettant l'accent sur votre volonté de l'aider à résoudre son problème.

Dans la plupart des séminaires consacrés à la relation avec les clients, quelques participants mettent l'accent sur les cas vraiment difficiles.

Il s'avère dès lors intéressant de donner une information sur les besoins en strokes (voir ch. 5 partie I) des humains, en précisant qu'il n'est pas rare de voir des humains « chercher des noises » à leurs semblables pour cela, d'autant plus que les situations de tension, de conflit offrent une dose importante de strokes. « Pour faire face à un client "très fâché", "de très mauvaise disposition", très agressif, une seule attitude rentable, répondre sur un ton bien Adulte-Adulte — et l'un des points forts de ce type de formation consiste à mettre des participants dans des "jeux de rôles" où une personne joue le "client furieux, mal intentionné", agressif, en face de l'employé (il importe de suggérer que chaque participant puisse faire l'expérience) — "Je comprends fort bien que cela soit désagréable pour vous. Je suis désolé de ce qui se passe. Je vais faire ce qui est en mon pouvoir pour vous aider et pour cela, je vous demande de me donner le plus de précisions possible. Voulez-vous m'indiquer..." Si besoin est, répéter ces phrases plusieurs fois. »

A propos des clients intraitables, il est une information souvent utile à donner.

Un client dont la furie est vraiment forte est rarissime. Il s'agirait d'une personne fortement troublée, et ce type de personne vit généralement dans une institution spécialisée. Quant aux personnes très furieuses — non psychotiques — il faut lever le « mythe de l'énergie inépuisable ». On constate, en effet, que, comme la plupart des employés de firmes commerciales n'ont jamais reçu une formation en psychologie humaine, la plupart « imaginent » qu'un client furieux peut l'être des heures durant.

Il importe de signaler à ces employés que se montrer furieux coûte cher en énergie physique.

C'est ce qui explique d'ailleurs que la grande majorité des clients insatisfaits répondent relativement vite aux invitations OK/OK décrites ci-dessus.

4

L'AMÉLIORATION DES RELATIONS DE COUPLE

« L'amour existe-t-il ? » est, malheureusement, la question que se posent encore et toujours des millions d'individus. Pourquoi malheureusement ?
Parce que cela signifie que ces millions d'individus ne l'ont pas souvent rencontré.

Parce qu'il faut être le témoin de plusieurs relations dans lesquelles l'amour est présent, ou mieux, l'avoir ressenti avec son Enfant, dans une relation chaleureuse pour les deux protagonistes, pour pouvoir déclarer :

« L'amour existe, je l'ai rencontré. »

Il y a beaucoup de pièges, d'illusions, de préjugés et d'erreurs d'analyses qui sont à l'origine de la non-réussite de beaucoup de gens, face à cette « chose » si importante — la plus importante ? — de la vie.

Nous nous proposons, dans ce chapitre, de décrire les rapports entre l'amour et nos 3 Etats du Moi.

Moins que jamais, nous ne prétendrions avoir découvert quoi que ce soit dans ce domaine sur lequel les humains s'interrogent depuis la nuit des temps.

Car, enfin, à y regarder de plus près, la littérature, la poésie, le théâtre, le cinéma, les feuilletons télévisés ne sont-ils pas autant de thèmes et variations, de dissertations sur et autour de l'amour ?

Nous avons vu que ces modes d'expression, pour être appréciés, se devaient d'inclure les trois rôles dramatiques appelés par l'Analyse Transactionnelle : Persécuteur, Sauveteur et Victime. Dans notre exemple du Western qui n'existe pas (chap. 3), comme dans presque toutes les productions littéraires et théâtrales du monde, il y a un « avant » et un « après » de l'« histoire » décrite. Remarquez que dans ces « avant » mais surtout dans ces « après », il y a place pour l'amour.

Notre postulat est le suivant : le « ratage » de la connaissance de l'amour, qui semble être encore le lot de tant de millions de gens, ne serait-il pas surtout un grand malentendu ?

La plupart des humains n'ont-ils pas vécu pendant des millénaires, et ne continuent-ils pas (pour bon nombre d'entre eux) à vivre comme des « hypnotisés »... qui ne « voient » pas l'amour là où il existe ?

Quel drame.

Notre postulat, en ce qui vous concerne, ami lecteur, est que le fait que vous ayez cet ouvrage entre les mains, fait montre d'une sensibilité et d'un intérêt pour les choses du cœur et de l'esprit tels que, pour le moins, vous soupçonnez l'amour d'exister.

Il n'est pas tant intéressant d'analyser votre passé d'un regard scrutateur (parce qu'il risque bien vite de devenir accusateur et de mobiliser votre Parent Normatif Persécuteur pour trouver des coupables) que de partir de ce soupçon si « positif » pour décider de vous joindre aux masses (parce qu'il y en a aussi des millions !) qui cherchent et qui trouvent l'amour.

Mais avant de poursuivre, il nous semble important de bien définir de quoi nous parlons.

Or, il se fait qu'en cette fin du XXe siècle, l'homme cherche davantage à connaître le fonctionnement des particules élémentaires (et vous pardonnerez ce retard d'information si, d'ici le moment où vous tiendrez ce livre entre vos mains, un « Eureka » nouveau est venu donner la réponse) qu'à comprendre ce qu'est l'amour.

Des définitions de l'amour, il y en a fort peu. Les dictionnaires y vont de leurs développements propres :

— *Amour :* Sentiment d'affection d'un sexe pour l'autre (Littré).

— *Amour :* Elan du cœur vers quelqu'un ou quelque chose qui l'attire. Vif attrait, physique ou sentimental, qui porte vers les personnes de l'autre sexe.
(Larousse)

Voilà. Pour ces deux dictionnaires classiques et très répandus en francophonie, l'amour est surtout une question d'affection et de sexe.

Il faut attendre le Robert, plus tardif dans l'histoire des dictionnaires, pour qu'une notion, primordiale selon notre avis, vienne s'y ajouter :

— *Amour :* Disposition favorable de l'affectivité et de la **volonté** à l'égard de ce qui est senti ou reconnu comme bon, diversifiée selon l'objet qui l'inspire.
(Robert)

Ouf ! Le monde est peut-être sauvé !

La raison — nous redirons l'Adulte — trouve ses droits à la définition de ce qu'est l'amour.

Parce que nous pensons que c'est là que réside le grand malentendu. L'amour, c'est uniquement une question concernant l'Enfant pour nos dictionnaires jusqu'à la moitié de ce siècle.

« Quoi ? entendons-nous rugir dans le Parent d'un certain nombre de nos lecteurs ! Vous voulez dire qu'il n'y a d'amour que dans les liaisons de raison ? »

Ce n'est pas du tout cela que nous disons, et ceux dont le Parent s'est, un instant, excité de la sorte, recevront ici — en supplément gratuit de l'achat de ce livre — un élément de diagnostic personnel gratuit :

« La promptitude de votre Parent à réagir est un élément qui nous porte à croire que ce même Parent, si rapide à « dégainer », doit vous valoir quelques difficultés, dans vos relations aux autres. »

Ce n'est pas parce que nous considérons comme indispensable de lier la raison de l'Adulte aux sentiments d'affection et de désir de l'Enfant, que nous disons qu'il n'y a d'amour que dans ce qu'en matière de mariage, on appelle mariage de raison.

Scott Peck, dans son admirable « Chemin le moins fréquenté »*, se risque à une définition que nous partageons, non sans avoir en préambule souligné le risque inhérent à une telle tâche : « *L'amour est une force mystérieuse. En essayant de l'expliquer, on l'a divisé en plusieurs catégories : éros, philia, agapê, amour parfait, amour imparfait,* etc. »

« *L'amour, c'est la volonté de se dépasser dans le but de nourrir sa propre évolution spirituelle ou celle de quelqu'un d'autre.* »

Il ne nous étonnerait pas que dans la révision d'une prochaine édition, S. Peck ne modifie la fin de sa phrase de la façon suivante : « sa propre évolution spirituelle **et/ou** celle de quelqu'un d'autre. »

Parce que si nous sommes bien d'accord avec l'idée contenue dans la première partie de cette proposition — à savoir : pour qu'il y ait amour, il faut qu'il y ait d'abord « amour de soi » de la part de chacun des protagonistes — c'est à l'amour entre partenaires (mariés ou non) qu'est consacré ce chapitre.

Inspiré par cette définition de Scott Peck, nous voudrions nous risquer à la nôtre : « L'amour (dans le couple), c'est l'engagement de deux personnes à vouloir vivre des relations épanouissantes ensemble.
Des relations dans lesquelles s'établit une entraide pour que chacun devienne davantage lui-même (en cultivant les différences plutôt que les divergences). »

Nous pensons aussi que la réussite de l'amour se mesure davantage a posteriori, comme bilan de cet engagement et de l'action conjuguée qu'il implique.

---

* Scott Peck, « Le Chemin le moins fréquenté », Robert Laffont, Paris, 1987.

Les mots importants sont :
– *engagement,* c'est-à-dire action consciente et volontaire, ce qui implique des décisions de notre Adulte et de notre Parent;
– *relations épanouissantes,* c'est le développement spirituel de Peck;
– *cultiver les différences,* c'est renoncer – encore un acte volontaire – à en faire des objets de divergence.

A propos du jugement sur l'amour comme bilan, nous pensons en effet qu'on ne peut parler de réussite de l'amour que quand un amour a quelque peu résisté à l'épreuve du temps.

L'une des choses les plus difficiles en matière d'amour, c'est effectivement de transformer un sentiment **amoureux** en amour « mature ».

Mais revenons un peu à l'AT et à ce que cette discipline peut nous apprendre sur cet important sujet.

Nous avons déjà dit que deux des difficultés de la réussite en amour provenaient des préjugés de notre Parent et des illusions de notre Enfant. Les uns et les autres sont légion.

• **Au rang des préjugés,** nous trouvons tous les « jugements définitifs » élaborés par des siècles d'inconscience et d'obscurantisme. De « L'amour n'existe pas » à « L'amour, c'est une question de chance, de beauté, de richesse » en passant par toutes les considérations très normatives sur les qualités indispensables du bon partenaire, la durée de vie d'un couple, les listes de problèmes insurmontables qui, immanquablement, « tuent » la vie d'un couple, les listes d'ingrédients indispensables.

Combien ne doivent-ils pas réactiver leur Adulte avant de prononcer ces sentences irrémédiables au sujet de la non-existence de l'amour, et de ses possibilités de réussite dans un couple.

Voyons un instant ce que l'Adulte de M. Tout-le-Monde pourrait répondre aux préjugés cités ci-dessus :

« L'amour n'existe pas, dites-vous? Il me semble qu'il s'agit davantage d'une opinion toute faite ou d'une impression que d'une position réfléchie d'après une analyse objective de faits concrets. »

« L'amour, c'est une question de chance! » Mais alors, tout est une question de chance, à commencer par votre survie, jusqu'à ce jour, cette heure, cette minute.

Je pense que la survie — mais surtout l'amour, qui est notre vrai sujet — est davantage une question d'intention volontaire, dans laquelle s'exprime la liberté humaine qu'une question de hasard, ou de chance.

« L'amour est une question de beauté? » Alors vous devez aussi ajouter de jeunesse et de santé, sans quoi, comment concevoir les amours de couples âgés? Voyez Jean-Louis Barrault et Madeleine Renaud!!

« L'amour est une question de richesse? » Ce n'est heureusement pas parce que certains « achètent » un ou une partenaire, qu'ils « réussissent » en amour, et que cela empêche la réussite en amour des gens aux revenus modestes.

« L'amour dépend des qualités x et y du bon partenaire, la durée de vie d'un couple, les problèmes et les ingrédients indispensables. » Il s'agit de croyances très subjectives qui ne laissent aucune place à la liberté des gens, la liberté d'être eux-mêmes, de construire des relations selon leur volonté, et de ne pas dépendre des lois du hasard ou autres.

• Mais il n'y a pas que les préjugés qui contaminent l'Adulte de beaucoup de « fatalistes, blasés » et « à-moi-on-ne-la-fait-pas » de l'amour impossible.

Il y a pire encore.

Ce qui, dans nos cultures, nous semble le plus destructeur vis-à-vis du constat de réussite possible en amour, ce sont les nombreuses **illusions** (contaminations de l'Adulte par l'Enfant, pour rappel) qui, par des mécanismes subtils, font des ravages auprès des candidats à la réussite de la vie en couple.

« Le désir suffit à construire un couple. »

« Les sentiments d'affection suffisent. »
« Je finirai bien par rencontrer quelqu'un qui m'aime vraiment. »

Voyons quelles considérations notre Adulte peut proposer en contrepartie de ces dangereuses illusions.

Mais tout d'abord, pourquoi combattre les illusions ?

Les illusions de notre Enfant (surtout en ce qui concerne une juste aspiration comme celle d'aimer et d'être aimé) présentent encore bien davantage que le préjugé le risque d'être pris pour la réalité (il faut être assez mature pour pouvoir considérer ses illusions comme telles), et ce, d'autant plus que les illusions connaissent un important « mécanisme » de renforcement.

Prenons la dernière illusion citée ci-dessus :

« Je finirai bien par rencontrer quelqu'un qui m'aime vraiment. »

Tout un chacun connaît, dans sa vie, des aspirations « qui finissent bien » par se produire. De là à les appliquer dans le champ délicat de la relation amoureuse, il n'y a qu'un pas, que beaucoup franchissent allègrement... s'installant ainsi dans le dangereux cercle vicieux des illusions.

Cette illusion contient encore un « ingrédient » très répandu — mortel pour les couples : l'« espoir » d'être aimé, l'espoir d'une « belle relation » construite par l'amour d'un autre à notre égard — en oubliant que cela signifie une attitude assez passive de notre part !

Oui, vouloir, espérer être aimé, c'est souvent attendre — inconsciemment — que l'autre soit le moteur (et le seul !) du couple.

« Le désir suffit à construire un couple »

S'il est bien vrai que le désir — n'oublions pas qu'il en est de toutes sortes : désir sexuel qui nous attire naturellement vers l'autre, mais aussi nos désirs de conformité (être perçu comme capable « d'avoir » un partenaire, désir que ce partenaire corresponde aux « normes » de notre famille, de notre milieu social) —

donc, s'il est bien exact que ces différentes formes de désirs sont à l'origine de ce qui « nous pousse » vers l'autre, il est tout aussi vrai et dangereux de croire que cette pulsion, bien compréhensible dans les « jeux amoureux » qui animent les premières relations, suffise à faire évoluer la relation vers une relation de maturité.

Par l'un de ces effets pervers dont seule l'âme humaine a le secret, certains couples semblent désireux d'entretenir cette illusion, et on pourra les voir « jouer » — parfois jusqu'à très tard dans leur existence — à un jeu que Berne aurait bien appelé « Amoureux de l'amour ».

« Les sentiments d'affection suffisent. »

Avec l'illusion précédente, voici sans doute celle qui risque d'avoir la vie la plus longue.

Or, laisser entre les mains de nos Etats Enfant (qui sont bien le siège de nos affections) la gestion de notre vie de couple est aussi irraisonnable que de lui confier la gestion de notre vie financière.

Et c'est une illusion que de croire que l'amour n'est que sentiment.

Certes, le sentiment est, avec le désir, l'un des ingrédients de base d'une relation d'amour.

Mais, croyez-nous, il existe de par le monde des millions de couples dont l'échec repose essentiellement sur ce malentendu : croire que les sentiments d'attrait — et même d'affection — et de désirs suffisent à garantir la pérennité du couple.

Qu'en est-il alors, pour faire « réussir » une relation dite d'amour, selon l'AT?

Sur base des désirs de leurs Etats Enfants, deux personnes sont attirées l'une vers l'autre (c'est d'ailleurs bien souvent la présence de transactions Enfant-Enfant, chez des personnes d'âge ± adulte, qui fait le charme des premières relations amoureuses), mais c'est de la capacité à introduire leurs Etats Adulte et Parent dans cette relation que va dépendre la capacité de transformer une relation « passionnée » — voire fusionnelle* – en relation « contenant** de la réflexion » et quelques jugements (pas trop, juste ceux concernant la réponse à la question « Cette personne me convient-elle ? »).

Nous n'insistons pas, bien qu'elle soit très importante, sur la capacité à employer son Parent Bienveillant, tant elle est évidente, d'une part, tant – d'autre part – elle apparaît comme présente dans les « jeux amoureux ».

C'est évidemment la toute grande capacité d'analyse et d'appréciation de l'Adulte qui confère sa maturité à un couple :

« L'envie d'engagement affectif que j'éprouve à l'égard de cette personne est-il suffisant ? » Telle est la première question à se poser avant d'entamer une vie de partenariat avec quelqu'un d'autre.

« Est-ce que je pense que des gens comme nous – l'autre et moi – sommes capables de vivre ensemble, c'est-à-dire capables de se faire des compromis réalistes, face aux difficultés de la vie que mènent des personnes qui vivent ensemble ? »

Ce qui revient à dire :

« Ai-je suffisamment de maturité pour réaliser (ai-je suffisamment observé la vie des humains) que pour savoir et tirer les conséquences de ce que la vie ensemble, ça n'existe pas sans difficultés ? »

« Suis-je prêt à faire des efforts et des concessions, à négocier plutôt que de chercher à « gagner » contre l'autre quand nos points de vue seront différents ? »

« Suis-je prêt à chercher à me développer et à aider au développement de mon partenaire, c'est-à-dire à cultiver nos différences plutôt que nos divergences ? »

---

* **Fusionnelle :** la relation de couple connaît des moments de fusion tout à fait agréables et respectables. C'est quand un couple fait de la fusion son ingrédient principal qu'il offre peu de chance de quitter cette relation symbiotique.

** Ce mot **contenant** doit être considéré tel qu'on l'utilise dans la « composition » d'un aliment, c'est-à-dire comprenant l'ingrédient cité.

Et sans doute, lorsque mon partenaire et moi aurons-nous répondu affirmativement à toutes ces questions, pourrons-nous envisager une forme de vie ensemble (ce qui ne signifie pas uniquement la vie sous un même toit).

C'est en s'engageant dans cette voie — avec un accord de nos trois Etats du Moi — que nous parviendrons le mieux à éviter les jeux psychologiques qui sont le pire des poisons transmis par les scénarios culturels.

De nombreux transactionnalistes ont publié des ouvrages spécialisés sur l'amélioration des relations de couples*.

Pour les relations familiales — englobant les relations avec les enfants — nous vous recommandons l'excellent ouvrage de D. et M.J. Chalvin « Vivre heureux en famille », ESF, 1986.

Résumons-nous. L'amour est l'une des choses les plus importantes de la vie. Tout le monde y aspire (du moment qu'un être humain est vivant!). Tous les êtres vivants souhaitent que quelqu'un les aime, que quelqu'un puisse leur apporter amour, confiance et réconfort. Tout le monde souhaite voir quelqu'un d'autre leur faire confiance.

C'est quand deux personnes **décident** d'unir leurs capacités à s'offrir cet amour — et que cette union résiste aux difficultés de la vie et au temps — que l'on peut parler d'amour réussi.

En termes d'AT, il faut préciser que l'amour réussi dépend de la capacité de ces deux personnes à faire ce contrat entre leurs Etats du Moi (deux personnes « complètes ») sous la direction de leurs Etats du Moi Adulte.

---

* « Personal Marriage Contract », John Whitaker, OK Street, Dallas, 1976.

5

DÉVELOPPEMENT PERSONNEL

Nous avons déjà signalé quelles étaient les considérations d'Eric Berne sur les finalités de l'AT en matière de développement personnel. Celles-ci sont en rapport étroit avec le développement relationnel (capacité de vivre des relations OK/OK avec les autres). Et notamment — on sait maintenant l'insistance que le fondateur de l'AT pouvait mettre à les développer — de relations de proximité.

Sur le plan plus strictement personnel, nous partageons les considérations de Berne sur l'importance de valeurs telles que l'autonomie et la conscience. Cela concerne la capacité à nous connaître lucidement. A ressentir et à penser par nous-mêmes.

A être nous-mêmes et à assumer l'audace d'affirmer nos différences, nos originalités sans arrogance (ce que les Américains appellent Oser être soi-même ou Etre assertif) plutôt que conformes aux modèles que la société nous « invite » à suivre (voir p. 262).

La spontanéité relève à la fois du développement personnel et du développement relationnel.

En effet, en offrant notre spontanéité aux autres, nous faisons croître notre **transparence**, ingrédient important de l'amour.

> L'être équilibré selon l'AT serait celui chez qui règne une véritable démocratie entre ses Etats du Moi, démocratie opposée à la dictature, à la souveraineté d'un seul Etat du Moi.
>
> Une démocratie qui, avec raison, fait de l'Adulte le siège de son gouvernement. Une démocratie capable de relations multiples avec les autres.

L'être équilibré se caractérise encore par sa volonté de développement, de tendre vers l'épanouissement.

C'est par une série de considérations sur le développement des Etats du Moi et de la personne considérée dans sa totalité que nous allons terminer.

Développement de notre Enfant

1. Le point essentiel de notre développement total (de tout notre être) passe par la reconnaissance (re-connaissance) de notre Etat Enfant. En effet, comme nous l'avons déjà dit, c'est par notre Etat Enfant que s'exprime le plus notre **unicité** (notre caractère unique sur Terre). Il importe donc (surtout pour les personnes qui ne sont pas très enchantées de cette découverte!) d'aller – véritablement – à la rencontre de notre Enfant. C'est une condition tout à fait essentielle à notre développement.

2. Il est également fort utile de prendre conscience que nous prenons nos décisions avec notre Enfant.

La décision purement logique est une illusion, pire: un mythe.

Que ce soit pour traverser la rue, pour choisir un repas au restaurant ou l'emplacement d'un bâtiment au sein de notre activité professionnelle, nous prenons, au bout du compte, toutes nos décisions en fonction de ce qui nous satisfait le plus (pour des raisons de sécurité ou des raisons affectives).

Voilà deux choses avec lesquelles il vaut mieux être clair.

3. Le développement de notre Enfant passe aussi par le développement de notre sensualité (pour certains, cela ne pourra se faire qu'après avoir revu, « reconsidéré » certaines normes contenues dans leur Parent Normatif — voir ci-dessous).

La sensualité, c'est l'intelligence et le plaisir du corps. Ou encore, de nos cinq ou six sens.

Développer nos perceptions visuelles, auditives, kinesthésiques, olfactives, gustatives et intuitives, voilà un programme enthousiasmant pour notre Etat Enfant.

Développer nos perceptions visuelles et auditives, c'est peut-être avant tout oser regarder « autrement » ce qu'on n'a que « vu », et entendre ce qu'on n'a qu'« écouté ». C'est peut-être aussi redécouvrir des images et des sons que nous avions presque « définitivement » écartés de nos fréquentations visuelles et sonores.

C'est regarder avec l'œil d'une grande personne « qui vient de naître » un lever de soleil, c'est regarder « comme on ne les a jamais vus » la pluie, les arbres, les oiseaux, c'est chercher une rivière pour la *regarder* couler (pas si commode dans nos univers urbanisés !), c'est regarder et entendre les effets du vent et de la pluie sur nos pavés et dans les arbres, sur la mer — et redécouvrir que les conventions selon lesquelles pluie et vent sont désagréables peuvent être rangées dans les normes Parent des grincheux !

C'est écouter les musiques de la nature — des insectes, des oiseaux, des éléments — et de la culture — celle des portes, des objets, des musiques faites par les hommes du monde entier, dans tous les genres, sous toutes les formes, enfin la musique superbe des mots par ces « âmes sensibles » que sont les poètes de tous les temps.

C'est goûter des mets, des plats jamais approchés. Des boissons, des vins, des jus. Et l'eau — redécouvrir la joie indicible de l'eau.

C'est sentir, humer les parfums de la nature, les odeurs des bois, des campagnes, des champs, des fleurs, des corps.

C'est ressentir dans tout son corps les impressions, les sensations, les vibrations qui le parcourent.

C'est s'occuper de son corps, avec tendresse — loin des normes sportives du Parent « Essaie encore plus fort ».

C'est pratiquer une gymnastique de mouvements, doux, sans brusqueries, sans esprit « spartiate ».

C'est oser faire confiance à son intuition — souvent appelée avec raison 6e sens — face aux gens, face aux autres, face aux choses, face aux problèmes de l'existence.

C'est oser « jouer » — à n'importe quel âge (qu'est-ce que ces Etats Parent qui ronchonnent à cette idée) — jouer avec les choses, les idées, les concepts, les mots.

Ces deux pratiques étant les bases de la créativité personnelle comme celles de la créativité en groupe.

C'est oser vivre sa sexualité. D'une façon complète. En explorant le corps de l'autre. En découvrant de nouvelles caresses, de nouvelles positions. En étant protégé par la seule norme saine de son Parent Normatif en matière sexuelle : « La seule limite est le désaccord de sa (son) partenaire. »

4. Le développement de notre Etat Enfant passe encore par une expression plus libre et plus spontanée de nos émotions et de nos sentiments. Plus libre que quoi ? Plus libre que cela ne se pratique jusqu'à nos jours, du moins dans nos sociétés occidentales — si étriquées sur ce plan. Nous pourrions maintenant dire : si fortement dominées par les interdits de nos Etats Parent ou du mot d'ordre « Sois Fort », si répandu.

Que de fois, jusque dans des circonstances où la douleur et la tristesse sont réelles, n'entend-on pas comme seule expression émotionnelle, le sempiternel : « Ça fait tout d'mêm' kek'choz' ! » N'est-ce pas là un comble que d'entendre cette expression, si limitée, dans la bouche de quelqu'un qui vient de perdre un être cher !

Qu'est-ce que donc cette pseudo-éducation si hypocrite, qui dicterait jusqu'à un être de contenir ses larmes à un enterrement !

Cet excès de contrôle coûte cher à la Sécurité sociale de nos pays. (Que ceux qui ne le comprennent pas relisent le chapitre consacré aux timbres psychologiques !)

Pour « libérer » — il faut malheureusement bien employer ce mot — et développer votre Enfant, soyez donc attentif à exprimer de la façon la plus juste (c'est-à-dire, d'une part, sans contrôle excessif, d'autre part, dans le respect de ceux qui sont près de vous) les sentiments de peur, de tristesse, d'inquiétude, d'anxiété, de réprobation, de frustration, de colère... et aussi — nous aurions envie d'ajouter : et surtout : de joie.

C'est en communiquant sa joie aux autres que l'on accomplit sans doute l'action la plus altruiste.

Sa joie de voir, d'entendre, de sentir, de faire, de comprendre, d'apprécier, sa joie de vivre.

Offrir aux autres sa joie de vivre, c'est leur offrir de l'amour à l'état pur.

Développer son Enfant, c'est encore développer son sens de l'humour. C'est développer sa capacité à rire et sourire des choses de la vie. Attention ! Davantage des choses de la vie que des gens, sans quoi on se trouve vite dans une attitude Parent Normatif Persécuteur.

L'ironie — qui nourrit le faux humour du rire « forcé » de nos « comiques » — se base sur la relation « Je suis OK — moi qui raconte — l'autre n'est pas OK ».

5. Développer son Etat Enfant, c'est enfin oser **prendre de nouvelles permissions.**

« Je décide de me permettre de... » est un type de re-décision que chacun peut se permettre à — pratiquement — n'importe quel âge.

« Je décide de me permettre de ressentir les choses par moi-même, de faire confiance à ma propre sensibilité, à ma capacité d'intuition. »

« Je décide de me permettre de réfléchir par moi-même, de faire confiance en ma capacité de trouver les bons interlocuteurs-conseils, les gens éclairés, et de faire confiance en ma propre expérience. »

« Je décide de me permettre d'être une grande personne et de prendre des responsabilités par moi-même. »

« Je décide de me permettre d'oser faire des choses, décidées par moi-même, d'avoir des initiatives, d'oser agir. »

« Je décide de me permettre d'entrer en communication avec les autres, d'être proche des gens et chaleureux. »

« Je décide de me permettre de montrer mes talents, de dire quelles sont mes capacités, d'en faire la démonstration, de réussir ce que j'entreprends. »

« Je décide de me permettre d'être dans mon Enfant, de l'exprimer aux autres en montrant mes émotions, mes sentiments d'une façon spontanée, en osant m'amuser, et de ne pas me prendre trop au sérieux. »

« Je décide de me permettre de me montrer équilibré, de faire preuve de bon sens. »

et, enfin,

« Je décide de me permettre d'**oser être moi-même**, d'oser affirmer ma personnalité, d'être assertif. »

6. Et surtout, développer son Etat Enfant, c'est développer toutes les formes de sentiments affectueux, d'attachement, de lien, d'attirance pour les choses, pour les êtres vivants, pour les autres, pour la nature, pour les arts et les techniques, pour le monde, pour Dieu, pour la Vie !

C'est développer la capacité d'amour que tous, nous possédons.

Développement de notre parent

1. Développer notre Etat Parent, c'est tout d'abord passer en revue les normes, les valeurs qu'il contient, en les analysant, en les triant via notre Adulte, pour conserver celles qui résisteront à cet inventaire.

A savoir, les valeurs les plus fondamentales :

Celles qui nous dictent le **respect** le plus intégral des autres et de la Vie :

« Ne porte jamais atteinte à l'intégrité physique de quelqu'un d'autre. »

Cela veut dire :

« Ne lève jamais la main sur qui que ce soit ! »

« Ne blesse, ne donne jamais de coups à qui que ce soit. »

« Et si l'envie t'en prend, sache qu'il existe d'autres moyens — plus respectueux, mais aussi plus efficaces à terme — pour exprimer ce que tu aurais exprimé de cette façon. »

« Ne porte jamais atteinte à un être vivant (homme ou animal). »

« Ne porte pas atteinte à l'intégrité psychologique des autres. »

Cela veut dire :

« Juge le moins possible les autres, et n'exprime ces jugements que le moins souvent possible — et alors, ne l'exprime qu'avec ton Adulte. »

« Tous les hommes ont droit à ce respect fondamental — **absolument tous** — sans distinction de race, de sexe, de nationalité, ni de statut social. »

« Ne porte pas atteinte à l'intégrité des biens des autres. Ne vole, ni ne chaparde jamais. »

« Vis en respectant les lois de ton pays, les lois de ton Eglise (si tu es croyant), les Droits de l'homme. »

« Accepte les autres tels qu'ils sont sans vouloir les changer. »

« Ne te juge pas toi-même négativement ! »

« Prends tes droits et fais-toi respecter avec fermeté, sans agressivité. »

ÊTRE ASSERTIF ou OSER ÊTRE SOI-MÊME

On appelle **assertive** (de l'anglais *assertiveness* = affirmation de soi) la personne qui ose être elle-même et s'affirmer dans un respect fondamental des autres et d'elle-même*.

La personne assertive est celle qui parvient à obtenir ce qu'elle veut des autres et faire respecter ses droits, dans une forme de relation directe avec les autres, une relation exempte de manipulation, d'agressivité et de fuite.

Il s'agit en fait d'une qualité supplémentaire que l'on peut octroyer à la personne capable de vivre des relations OK/OK avec les autres.

Un véritable « mouvement » de l'assertivité s'est développé aux Etats-unis – et, plus timidement, en Europe, à partir des années '70.

Ce « mouvement » – qui cherchait, au départ, à favoriser l'intégration des minorités existant aux USA – a vite intéressé ceux et celles qui considéraient avoir quelques difficultés à « prendre leur place » dans la société (femmes, chômeurs, retraités).

Des programmes de renforcement de l'assertivité personnelle – qui mettent notamment l'accent sur les droits de la personne assertive et proposent des techniques adaptées aux diverses situations de la vie – sont suivis par des dizaines de milliers d'individus. Gageons qu'on trouvera bientôt un engouement comparable en Europe.

* *Oser être soi-même*, René de Lassus, Marabout n° 3603.

« Ose affirmer les droits de la personne assertive », à savoir :

« Ose penser que tu es important ». Un droit (un devoir) que chaque humain se doit de penser — c'est fondamental à partir de notre réalité biologique.

« Ose demander des choses pour toi, sans détour, d'une façon directe. » Sans se sentir opportun, ni dérangeant.

« Ose rater des choses. » C'est OK, pour des humains. Il n'y a d'ailleurs pas réellement d'échecs, mais uniquement des leçons.

« Ose avoir des points faibles et des limites. » On a le droit de se sentir OK malgré eux.

« Ose te tromper, ose dire « Je ne sais pas », ose n'être pas *toujours* sûr de toi, logique, ose n'être pas *toujours* le meilleur. »

« Ose prendre un instant de réflexion avant de répondre. »

« Ose faire les choses sans les expliquer, sans les justifier. »

« Ose changer d'avis, d'opinion et ose le dire tel quel. »

« Ose ne pas chercher à plaire. »

« Ose ne pas prendre les gens ou leurs problèmes en charge. »

« Ose refuser, dire *vraiment* Non. »

« Ose exiger, insister pour obtenir quelque chose ou affirmer ta position. »

« Ose ne pas te soucier de l'avis des autres — *réellement.* »

« Ose parler positivement de toi-même, sans forfanterie ni petites dévalorisations* et surtout de tes talents, de ton originalité. »

2. Développer son Etat Parent, c'est aussi faire la chasse aux déductions erronées, qui font figure de normes dans notre société, comme : « Si tu m'aimes, tu ne

* Employer de petites dévalorisations à son égard = jouer un rôle de Victime.

vas pas seul(e) au spectacle. » Ou : « Si tu dis que tu aimes la mer, le sable et le soleil, alors tu souhaites passer tes vacances à la côte. »

3. Développer son Parent, c'est aussi « s'entraîner » à développer son Parent Bienveillant (surtout pour les personnes chez qui cette partie du Moi est un peu... le parent pauvre).

Comment fait-on cela?

Même si au début, cela fait un peu artificiel (c'est un entraînement, ne l'oublions pas — on conçoit d'entraîner les muscles de son corps, pourquoi pas ceux du cerveau?), on peut décider :

« Comme mon vocabulaire et les gestes qui l'accompagnent ne sont pas fort habitués à servir, je vais pendant cette semaine faire au moins un compliment par jour à... »

Et puis, changer la semaine suivante.

Il y a suffisamment de personnes avec qui l'on puisse s'entraîner — partenaire, parents, enfants, collègues, supérieurs, fonctionnaires, etc.

Rappelons-nous : les personnes capables d'employer ce type de transactions sont celles qui sont parmi les personnes les plus appréciées dans la société.

Développement de notre Adulte

Développer notre Adulte consistera en premier lieu à lui faire analyser les pulsions, les besoins, les désirs qu'exprime notre Enfant pour apprécier ceux qu'il est OK de satisfaire.

Ces besoins sont-ils compatibles avec le bon déroulement de ma vie, celle de ceux qui me sont proches, de l'amour qui existe entre nous; avec ceux de mon environnement professionnel et social?

Sont-ils en harmonie avec mon développement physique, psychologique et spirituel?

Développer notre Adulte consistera ensuite à analyser les centaines de jugements Parent qui se manifestent à nous tout au long de la journée.

C'est bien souvent l'une des premières voies de relance de leur développement personnel pour beaucoup de gens, que de prendre quelques secondes avant de prendre une petite décision, de mesurer l'importance des « voix dans leur tête » qui les guident à prendre un type de décision, de considérer à qui appartiennent ces voix (souvent Papa, Maman, etc.), de remercier ces voix de vouloir nous aider, de prendre gentiment congé d'elles, et de décider quelle sera l'option **vraiment personnelle** que l'on prendra face à ce qui se passe. De faire cette action d'une façon nouvelle.

Cela concerne des faits que nous allons souvent commettre — d'une façon vraiment autonome — pour la première fois « seuls ». Il est recommandé de faire suivre ces « premières » de demandes de « réconforts » divers (caresses, tendresses, prise dans les bras) pour notre Enfant.

Développer notre Adulte, c'est aussi accroître nos connaissances. Sur tous les plans. Sans crainte de surcharge. Bien que l'image existe en bande dessinée, jamais aucun cerveau sur Terre n'a éclaté de vouloir trop le remplir d'informations. Tout au plus, les « coureurs de diplômes » risquent-ils, à certains moments seulement, d'en avoir des migraines.

Il existe des tas de domaines dans lesquels nous pouvons accroître nos connaissances.

Les connaissances pratiques nous aident à mieux gérer les actes de notre vie quotidienne.

Utilement, nous avons autant intérêt à savoir :
— comment fonctionne un ordinateur,
— comment faire un potage,
— comment réparer un pneu crevé,
— comment remplir sa feuille d'impôts,
— comment adresser une demande d'emploi,
que
— comment reconnaître des poireaux, des navets, des carottes dans un jardin,
— les connaissances scientifiques et culturelles utiles à une meilleure compréhension de la vie, de l'univers et des hommes (ainsi que des réalités qui nous dépassent — voir ci-dessous Développement de notre Etre spirituel).

Enfin, développer notre Adulte **et** notre Enfant, c'est nous entraîner au **« parler juste ».**

Le « parler juste », c'est une façon d'induire des relations OK/OK très appréciables... et, souvent, très appréciées.

C'est une invitation, proposée aux autres, de devenir plus vrais, plus authentiques, donc de se développer pour devenir davantage eux-mêmes.

Parler juste, c'est notamment parler plus conscient, plus spontané, plus responsable.

Parler juste avec son Enfant, c'est évidemment exprimer son ressenti sans détour, c'est faire des demandes pour soi d'une façon spontanée. C'est oser dire ses sentiments, ses besoins, ses désarrois, ses joies et ses peines, sa créativité, sa poésie.

Parler juste, c'est encore délaisser le langage « à la mode », qui, de fait, est une démarche de l'Enfant Adapté (souvent Rebelle ou Suradapté).

Parler juste avec son Adulte, c'est enfin répondre avec précision et spécificité, à ce qui nous est demandé.

Et, dans bien des cas comme il est nécessaire de le préciser, parler juste avec son Adulte, c'est répondre **très strictement uniquement** à la question posée.

Afin d'éviter d'entrer dans une invitation à un jeu psychologique.

Exemple : « Tu as encore une fois vu où Jules a été déposer les bouteilles que... » (normalement, arrivé à ce point de votre lecture, vous devez flairer l'« invitation » à casser du sucre sur le dos de Jules — nous disons maintenant à employer votre Parent Persécuteur, dans un jeu « Celui-là » ou « Sans lui »).

C'est par une réponse simple, non confrontante que l'on déclinera au mieux, cette invitation : « Non, je n'ai pas vu cela » ou « Oui, je l'ai vu. »

Parler juste, ce sera assez souvent reposer — avec une insistance douce — sa question, parce que son interlocuteur s'éloigne dans des développements que l'on n'a pas demandés.

Exemple : « Quels sont les statuts de ton association ? »

1re réponse donnée : « ... Et bien voilà... Lorsque nous avons créé l'association, nous étions trois. Trois fondateurs nantis chacun d'une solide expérience en... »

Intervention : « Ce n'est pas cela que je te demande, Paul ! J'aimerais savoir quels sont les statuts de ton association. »

Enfin, parler juste, c'est encore délaisser les pronoms non spécifiques, comme le pratiquent beaucoup les personnalités sportives, politiques* et du spectacle, pour les remplacer par l'usage du « Je » responsable.

Exemple :

Interviewer : « Qu'éprouvez-vous après une telle victoire ? »

Interviewé : « **Je** suis très content. **Je** suis très fatigué, mais très content. »

---

* Pour les hommes politiques, on sait que cet usage de la « langue de bois » est carrément préconisé.

Plutôt que : « Et bien, vous comprenez... Quand « on » a fait un sérieux effort, « on » est bien en droit d'éprouver une certaine satisfaction, n'est-ce pas ? »

Développement spirituel

Comme nous l'avons déjà souligné plusieurs fois au cours de cet ouvrage, Eric Berne n'a pas tenu à prendre les problèmes dépassant la réalité psychologique des êtres en considération. Ce n'était pas son projet.

Parmi ses successeurs, certains, comme Muriel James*, comme Vincent Lehnardt** se sont employés à développer des considérations sur l'AT. Et la vie spirituelle.

Ayant choisi de terminer cet ouvrage par les apports de l'AT au développement personnel, il nous semblait difficile de ne pas effleurer cette importante dimension.

C'est évidemment prendre position **pour** l'existence d'une vie spirituelle.

Sans confondre cet ouvrage avec un autre, nous avons le sentiment que si un lecteur choisit de conforter une démarche de développement personnel, nous ne pouvions pas passer cette importante dimension sous silence, même si elle concerne surtout notre Etat Enfant.

Parce que s'il faut « enfermer » la dimension spirituelle dans un Etat du Moi, c'est bien, à cause de son « essence » particulière, dans notre Etat Enfant, qu'il faut le faire.

Il s'agit, en effet, bel et bien d'un sentiment.

Celui qui naît de l'« impression » profonde qui habite une très grande majorité des hommes de ne pas considérer notre peau comme la limite terminale de notre être. De considérer que notre être renferme un « centre

---

* « Born to Love », 1973.

** Vincent Lehnardt, « L'Analyse Transactionnelle », Retz.

profond» — faut-il employer le mot «âme»* — lequel, selon nos croyances, peut ou non — selon la décision de notre libre arbitre — entrer en «relation» avec des «choses» (des forces, des pouvoirs subtils, des entités) qui nous dépassent et auxquelles, selon les milieux éducatifs qui nous ont formés, nous pouvons donner les noms d'Intelligence Cosmique, de Principe Premier, de Conscience Universelle ou de Dieu.

Selon des transactionnalistes rencontrés, la spiritualité interpelle tout autant notre Adulte.

Voici, pour terminer ce chapitre, et pour inciter ceux qui «aimeraient» considérer davantage ces perspectives avec leur Adulte, quelques questions que nous livrons à leur sagacité — comme nous aimerions terminer en les livrant à ceux qui «aiment» déclarer (mais justement, pour eux, tout n'est-il pas dans ce «aiment déclarer») que la vie spirituelle ne les concerne pas: qu'est-ce que, avec notre Adulte, nous pouvons penser de déclarations telles que:

«Nous ne sommes pas notre propre cause.»

«La Terre est la planète où s'exerce la présence conjointe de l'amour et du libre arbitre.»

Et notre Parent dans la vie spirituelle?

Nous pensons que le lecteur qui aura fait preuve de l'intelligence nécessaire à la poursuite de la lecture de cet ouvrage, aura, dans son esprit, fait le procès des nombreuses religions qui, depuis des siècles, ont été des religions du Parent Normatif — quelquefois accompagné du Parent Bienveillant.

Bref, une Histoire à refaire...

---

* N'oublions pas que l'Eglise a un jour déclaré que les femmes n'avaient pas d'âme!

ÉPILOGUE

L'ENFER, C'ÉTAIT LES AUTRES

« L'Enfer, c'est les autres », disait Sartre.

Cette désolante affirmation dans la bouche d'un important philosophe du XXe siècle nous entraîne à nous poser l'interrogation suivante : comment se fait-il que les êtres humains ne se soient pas attelés à résoudre les difficultés des relations humaines avant d'inventer le feu, la roue, l'écriture et la fission nucléaire ? C'est peut-être par là qu'il aurait mieux valu débuter l'Histoire, laquelle d'ailleurs commençait par l'un des pires échecs dans le domaine des négociations humaines : Adam et Eve chassés du paradis !

Sans prétendre que le paradis des relations humaines soit **facilement** à notre portée, il n'est pas exagéré de considérer que la plupart d'entre nous puissent améliorer, de façon notoire, le niveau de satisfaction dans les relations avec son entourage et donner définitivement tort à l'assertion forte de Monsieur Sartre, citée en tête de cet épilogue.

C'est la démarche à laquelle nous espérons vous avoir persuadé d'adhérer.

Nous espérons avoir pu vous proposer de découvrir par quelles décisions nouvelles vous pouviez assez facilement (ce qui ne veut pas dire sans effort du tout) remplacer des réflexes parfois nocifs, enregistrés la plupart du temps à votre insu.

Et dès lors de connaître de nouvelles satisfactions dans vos relations avec les autres.

Comme dans les relations que vous entretenez subtilement avec vous-même, pour le plus grand bien de votre développement personnel — lequel vous permettra d'accomplir votre « travail » de co-créateur de l'Univers, ce qui est bien le sens de la Vie, non ?

POST SCRIPTUM

Vingt ans après la publication en français de « Psychiatrie et Psychanalyse à la portée de tous » d'Eric Berne — lequel, s'il est bien un ouvrage de vulgarisation, ne contient encore qu'un aperçu sur l'A.T. —, douze ans après celle de « Naître gagnant » de Muriel James et Dorothy Jongeward — première et excellente vulgarisation sur le sujet —, et après avoir utilisé l'A.T. dans de nombreux séminaires, je ne pouvais que proposer aux Éditions Marabout, désireuses de proposer cette matière importante à un vaste public sous la forme de l'ouvrage que vous tenez entre vos mains, une forme personnelle de présentation, respectueuse de l'enseignement de son fondateur et de ses successeurs.

Toutefois, dans la mesure où Formation et Pratique de l'A.T. font l'objet d'organisations instituées, je me dois de préciser que les développements proposés dans la deuxième partie sont, pour beaucoup, de mon cru. Ils n'engagent, et ne reflètent donc pas, forcément, lesdites institutions.

Le succès remporté par cet ouvrage m'a amené à en proposer un deuxième à Marabout, publié dans sa collection « Voie Positive » sous le titre *Oser Etre Gagnant* (MS 3620).

Cet ouvrage contient des développements sur la connaissance de l'AT : notamment, ce qui s'appelle l'Analyse structurale au 2e degré des Etats du Moi; des considérations sur l'état d'épanouissement « C'est quoi être OK, être Gagnant »; un chapitre « La communication en or »; un mode d'emploi pour une présentation par vous-même de l'AT à votre entourage; un chapitre « Parlez-moi d'amour »; et surtout, un traitement approfondi de la notion — esquissée dans ce livre — de « scénario de vie » (qui explique, en termes d'AT, « Comment on est devenu la personne qu'on est »).

René de Lassus

BIBLIOGRAPHIE

— G. CHANDEZON, A. LANCESTRE, ***L'Analyse transactionnelle***, Que Sais-je n° 1936, P.U.F., Paris, 1982.

— V. LEENHARDT, ***L'Analyse transactionnelle : concepts et procédures***, Retz, Paris, 1980.

— R. HOSTIE, ***Analyse transactionnelle, L'âge adulte***, InterEditions, Paris, 1987.

— A. CARDON, V. LEENHARDT, P. NICOLAS, ***Analyse transactionnelle, outil de communication et d'évolution***, Ed. d'Organisation, Paris, 1979.

— D. CHALVIN, ***Les Outils de l'Analyse transactionnelle***, E.S.F., Paris.

— D. CHALVIN, ***Les nouveaux outils de l'Analyse transactionnelle***, E.S.F., Paris.

— M.J. CHALVIN, ***Comment réussir avec ses élèves, avec l'AT***, E.S.F., Paris.

— M.J. CHALVIN, ***Comment réussir avec les profs de vos enfants***, E.S.F., Paris.

— D. et M.F. CHALVIN, ***Vivre heureux en famille***, E.S.F., Paris.

— T. HARRIS, ***D'accord avec soi et les autres***, EPI, 1974.

— G. JAOUI, ***Le triple Moi***, Robert Laffont, 1979.

— E. BERNE, ***Psychiatrie et psychanalyse à la portée de tous***, Fayard, 1971. — ***Analyse transactionnelle et psychothérapie***, Payot, 1971. — ***Des jeux et des hommes***, Stock, 1975. — ***Que dites-vous après avoir dit bonjour?***, Tchou, 1977.

— J. SCHIFF, ***Ils sont devenus mes enfants***, InterEditions, 1985.

— C. STEINER, ***A quoi jouent les alcooliques?***, Paris, Epi, 1981. — ***Des scénarios et des hommes***, Epi, 1974.

— J. DUSAY, C. STEINER, ***L'analyse transactionnelle en thérapie de groupe***, Delarge, 1976.

— M. JAMES, D. JONGEWARD, ***Naître gagnant***, InterEditions, 1978.

— T. KAHLER, ***T.A. revisited. Scripting, Treatmen and communication techniques***, Little Rock, Human Development Publications, 1979. — ***Manager en personne***, InterEditions, 1979.

— P. WATZLAWICZ, ***Faites vous-même votre malheur***, Seuil, 1984.

— P. DACO, ***Les prodigieuses victoires de la psychologie***, Marabout Service n° 15 — ***Les triomphes de la psychanalyse***, Marabout Service n° 29 — ***Les voies étonnantes de la nouvelle psychologie***, Marabout Service n° 3.

Applications particulières :

— J. VAN DE GRAAF, H. KRACK, S. NASIESKI, ***L'Analyse transactionnelle en travail social et psychologie clinique***, Privat, 1989.

— R. DELATTRE, ***Mobilisez vos collaborateurs***, Marabout Service n° 1820, 1989.

— R. HAUPEMAN, ***Réussir ses réunions***, Marabout Service n° 1830, 1991.

ADRESSES UTILES

ACAT
Association Canadienne d'Analyse Transactionnelle
190, Lisgar Street
C-Ottawa Ontario K2POC4

ASPAT
Association Suisse pour l'Analyse Transactionnelle
Daniel PONE
Boissy 52
CH-1104 Lausanne
Tél. : (021) 648 77 00

ASSOBAT
Association Belge d'Analyse Transactionnelle
Rue Renier Chalon 32
B-1050 Bruxelles
Tél./Fax : (02) 344 96 90
E-Mail : assobat@infonie.be

IFAT
Institut Français d'Analyse Transactionnelle
Rue de Metz, 1
F-75010 Paris
Tél. : (01) 47 70 22 62
Fax : (01) 47 70 22 64

ITAA
International Transactional Analysis Association
486 14th St. Suite 1301
Oakland
USA-California 94612-2710

EATA
European Association for Transactional Analysis
Martine HUON
Les Toits de l'Aulne - Bat E
Rue Hugo Ely, 3
F-13090 Aix-en-Provence
Tél./Fax : (04) 42 20 60 30
EATAoffice@compuserve.com

TABLE DES MATIÈRES

Au catalogue Marabout

(Livre de Poche)

Psychologie

- *150 tests d'intelligence*, J. E. Klausnitzer, n° 3529
- *Amour sans condition (L')*, L. L. Hay, n° 3662
- *Analyse transactionnelle (L')*, R. de Lassus, n° 3516
- *Apprivoiser le deuil*, M. Ireland, n° 3677
- *Art de la simplicité (L')*, D. Loreau, n° 3720
- *Au secours ! Je vis avec un(e) narcissique*, S. Carter et J. Sokol, n° 3721
- *Boostez votre cerveau*, G. Azzopardi, n° 3710
- *Ce que veulent les hommes*, B. Gerstman, C. Pizzo et R. Seldes, n° 3672
- *Ces amours qui nous font mal*, P. Delahaie, n° 3706
- *Ces gens qui vous empoisonnent l'existence*, L. Glas, n° 3597
- *Cette famille qui vit en nous*, C. Rialland, n° 3636
- *Changez de vie en 7 jours*, P. McKenna, n° 3719
- *Cinq Entretiens avec le Dalaï-Lama*, Sa Sainteté le Dalaï-Lama, n° 3650
- *Comment être boss… sans être garce*, C. Friedman et K. Yorio, n° 1959
- *Communication efficace par la PNL (La)*, R. de Lassus, n° 3510
- *Convaincre en moins de 2 minutes*, N. Boothman, n° 1958
- *Dictionnaire des rêves*, L. Uyttenhove, n° 3542
- *Efficace et épanoui par la PNL*, R. de Lassus, n° 3563
- *Ennéagramme (L')*, R. de Lassus, n° 3568
- *Force est en vous (La)*, L. L. Hay, n° 3647

- *Gestalt, l'art du contact (La)*, S. Ginger, n° 3554
- *Hommes, les femmes, etc. (Les)*, E. Willer, n° 3679
- *Intelligence du cœur (L')*, I. Filliozat, n° 3580
- *Interprétation des rêves (L')*, P. Daco, n° 3501
- *Je t'en veux, je t'aime*, I. Filliozat, n° 3699
- *Langage des gestes (Le)*, D. Morris, n° 3590
- *Méditer au quotidien*, H. Gunaratana, n° 3644
- *Mesurez votre Q.I.*, G. Azzopardi, n° 3527
- *Méthode Coué (La)*, E. Coué, n° 3514
- *Notre capital chance*, Dr R. Wiseman, n° 3691
- *On gère sa vie, on ne la subit pas*, P. McGraw, n° 3704
- *Oser être soi-même*, R. de Lassus, n° 3603
- *Osez briser la glace*, S. Jeffers, n° 3673
- *Osez le grand amour*, S. Jeffers, n° 3716
- *Parents toxiques*, Dr S. Forward, n° 3678
- *Pères d'aujourd'hui, filles de demain*, V. Colin-Simard, n° 3693
- *Petit Livre de sagesse du Dalaï-Lama (Le)*, B. Baudouin, n° 3702
- *Plénitude de l'instant (La)*, T. Nhat Hanh, n° 3655
- *Pourquoi les femmes se prennent la tête ?*, S. Nolen-Hoeksema, n° 3722
- *Pouvoir de la bonté (Le)*, Sa Sainteté le Dalaï-Lama, n° 3703
- *Prodigieuses Victoires de la psychologie (Les)*, P. Daco, n° 3504
- *Psy de poche (Le)*, S. Mc Mahon, n° 3551
- *Puissance de la pensée positive (La)*, N. V. Peale, n° 3607

- *Quand les enfants partent*, A. Schapiro-Niel, n° 3707
- *Que se passe-t-il en moi ?*, I. Filliozat, n° 3671
- *Réussir le nouveaux tests de Q.I.*, G. Azzopardi, n° 3714
- *Rupture : petit guide de survie*, D. Hirsh, n° 3689
- *Sexe des larmes (Le)*, Dr P. Lemoine, n° 3688
- *Thérapie du bonheur (La)*, Dr É. Jalenques, n° 3682
- *Tout ce que les hommes ignorent et que les femmes n'avoueront jamais*, D. McKinlay, n° 3708
- *Tout se joue en moins de 2 minutes*, N. Boothman, n° 3675
- *Transformez votre vie*, L. L. Hay, n° 3633
- *Tremblez mais osez !*, S. Jeffers, n° 3669
- *Triomphes de la psychanalyse (Les)*, P. Daco, n° 3505
- *Vie à bras-le-corps (La)*, S. Jeffers, n° 3690

Vie quotidenne – Vie professionnelle

- *50 modèles de lettres pour trouver un emploi*, F. Le Bras, n° 1911
- *100 idées pour animer un mariage*, P. Lecarme, n° 1563
- *200 modèles de lettres*, P. Maury, n° 1510
- *350 pistes pour trouver un emploi*, F. Le Bras, n° 1953
- *Animer un anniversaire*, P. Lecarme, n° 1569
- *Bon anniversaire de 1 à 100 ans*, B. Beyern, n° 1575
- *Comment rester sain d'esprit lorsque le travail vous rend fou*, P. Hellman, n° 1956
- *Commerce équitable (Le)*, K. Pouliquen, n° 1568
- *Comptabilité facile (La)*, L. Batsch, n° 1918
- *Correspondance (La)*, G. d'Assailly, n° 1501
- *Courrier facile (Le)*, C. Ovtcharenko, n° 1505
- *Entretien d'embauche (L')*, F. Le Bras, n° 1940
- *Être bénévole aujourd'hui*, P. Dreyer et M. Perenne, n° 1578
- *Généalogie facile (La)*, J.-L. Beaucarnot, n° 1512
- *Guide de l'organisation du mariage (Le)*, N. Terrail, n° 1513
- *Je veux retravailler*, F. Le Bras, n° 1955
- *Lettre de motivation (La)*, F. Le Bras, n° 1938
- *Mieux se connaître pour réussir*, G. Azzopardi, n° 1954
- *Nouveaux Tests de recrutement (Les)*, G. Azzopardi, n° 1957
- *Pas une minute à perdre, je suis à la retraite*, I. Morel d'Arleux, n° 1579
- *Recettes de bonne femme (Les)*, J. et V. Rousselet-Blanc, n° 1576
- *Sauvez cette planète ! Mode d'emploi*, D. Glocheux, n° 1577
- *Se marier autrement*, F. Servan-Schreiber, n° 1572

- *Se remettre à l'anglais en 10 minutes par jour*, A. et G. Mukerjee, n° 1565
- *Trois jours avec les mômes*, P. Lecarme, n° 1573
- *Trucs de Papytruc (Les)*, J. Bujardet, n° 1570

IMPRIMÉ EN ESPAGNE PAR LIBERDÚPLEX

pour le compte des
Nouvelles Éditions Marabout
D.L. nº 81483 - mars 2007
ISBN : 978-2-501-05384-6
40.8576.7/01